MONT-REVÊCHE

PAR

GEORGE SAND.

2

PARIS
ALEXANDRE CADOT, ÉDITEUR,
37, RUE SERPENTE.
—
1853

MONT-REVÊCHE.

Ouvrages de Xavier de Montépin.

Les Oiseaux de Nuit	5 vol.
Le Vicomte Raphaël	5 vol.
Mignonne	3 vol.
Brelan de Dames	4 vol.
Le Loup noir	2 vol.
Confessions d'un Bohême	5 vol.
Les Amours d'un Fou	4 vol.
Pivoine	2 vol.
Les Viveurs d'autrefois	4 vol.
Les Chevaliers du Lansquenet	10 vol.

Sous presse.

Mademoiselle Kérovan.

Ouvrages de G. de La Landelle.

Falkar le Rouge	5 vd.
Le Morne aux Serpents	2 vd.
Les Iles de Glace	4 vd.
Une Haine à Bord	2 vd.
Les Princes d'Ébène	5 vd.

Ouvrages d'Alexandre Dumas fils.

Tristan le Roux	3 vo.
La Dame aux camélias	1 vo.
Aventures de quatre femmes	6 vo.
Le docteur Servans	2 vo.
Le Roman d'une femme	4 vo.
Césarine	1 vo.

Sous presse.

Les Amours véritables.

Impr. de E. Dépée, à Sceaux (Seine).

MONT-REVÊCHE

PAR

GEORGE SAND.

2

PARIS
ALEXANDRE CADOT, ÉDITEUR,
37, RUE SERPENTE.

1853

1

I

Crésus était, comme tous les grooms qui ont affaire à de bonnes gens, un enfant fort gâté. Eveline l'avait peut-être un peu trop rabaissé au rôle de bouffon. Il en tirait une vanité, une audace singulières, et prenait pour autant de traits d'esprit les balourdises qu'elle lui faisait répéter. Il s'étendit donc avec complaisance sur son office de devin à Mont-Revêche, et n'oublia pas la gratification qu'il avait reçue.

— Allons, c'est un homme du plus beau monde, dit Nathalie d'un air ironique.

— C'est un homme fort aimable, dit Olympe, qui voulait réparer cette impertinence auprès de Thierray. Dans tous les mondes possibles le désir d'être agréable est une qualité du cœur.

—C'est un bon voisin, et voilà comme

je les aime, dit Dutertre. Confiance, c'est-à-dire honneur et loyauté.

— C'est un charmant monsieur, dit Benjamine, il comprend mon papa!

— Puissance et prestige de la richesse! dit Thierray tout bas à Eveline ; quand ce ne sont pas là des séductions, ce sont encore des charmes.

— Êtes-vous riche, monsieur? dit Eveline avec une liberté d'interrogation qui confondit Thierray.

— Je n'ai et n'aurai probablement jamais rien, mademoiselle, répondit-il avec un empressement hautain.

— Eh bien! tant mieux! reprit-elle étourdiment.

— Auriez-vous l'extrême bonté de m'expliquer cette parole?

— Ah! vous savez que je suis une vivante énigme, vous l'avez dit!

— Dois-je tâcher de deviner le sphynx?

— C'est de la prétention que de croire y arriver si vite!

On apporta le café et des cigares. Madame Dutertre alluma le bout d'une cigarette en paille et fit mine de la fumer pour donner l'exemple à ses hôtes. Tous les hommes profitèrent de la permission, et, pendant qu'Olympe toussait à la dérobée ses trois bouffées d'étiquette hospitalière, Eveline prit un gros cigare et fuma comme un garçon au nez de Thierray avec l'intention presque évidente d'essayer sur lui l'effet de ses excentricités. Il en fut choqué d'abord et ne se gêna point pour lui dire que c'était affreux. Elle jeta aussitôt son cigare, s'amusa une demi-minute du trouble naïf qui s'empara de lui à cette concession inopinée, et alla chercher un autre cigare en disant : Vous aviez raison, celui-là était affreux. Est-ce que vous ne fumez pas ?

— Si fait, répondit-il en allumant son cigare à celui qu'elle venait d'allumer elle-même et qu'elle lui tendait familièrement ; je fume sans cesse.

— Vous avez tort !

— Pourquoi ?

— Ah ! si je vous explique toutes mes paroles, quand est-ce que vous commencerez à deviner mes pensées ?

M. Dutertre passa près d'Eveline, lui ôta en souriant son cigare, le jeta bien loin malgré ses réclamations, et la laissa causer avec Thierray.

Pendant que ces deux jeunes gens faisaient assaut de coquetteries innocentes de la part d'Eveline, mais assez dangereuses pour Thierray, Nathalie, blessée de n'être l'objet des attentions exclusives de personne, quitta le perron où l'on fumait et causait à l'abri d'une vaste tendine d'étoffe de palmier, et s'enfonça dans les massifs de la pelouse. Insensiblement, perdue dans d'assez chagrines rêveries, elle s'éloigna dans le jardin anglais et se trouva tout à coup face à face avec Flavien.

Mais ce face à face ne troubla ni l'un ni l'autre. En marchant d'un pas lent et mesuré, Nathalie n'avait pas éveillé Flavien, qui, assis sur un banc de gazon et la tête un peu renversée contre la tige d'un platane, dormait du sommeil du juste.

De Saulges avait ces besoins de repos subit et complet que les natures actives et robustes éprouvent et satisfont là où elles se trouvent, à moins qu'elles ne soient forcées de les combattre par un effort de la volonté. Il s'était levé de grand matin, il avait fait six ou sept lieues de pays au trot allongé d'un vigoureux cheval, il avait déjeuné à la hâte en repassant par Mont-Revêche, il était reparti sans songer à faire une sieste. Enfin il était las, il se trouvait dans un lieu solitaire et frais, et, sans dessein prémédité, il dormait comme un roi, ou comme un paysan.

Nathalie fut choquée de cette grossièreté, et, tournant légèrement les talons sur la mousse discrète, elle s'éloigna avec mépris, mais au bout de trois pas, cette réflexion l'arrêta : J'ai menti hier soir à Eveline en voulant lui faire croire que ce garçon était déjà épris d'Olympe. Il ne la connaît pas, il ne se soucie ni d'elle ni de nous. C'est, quant à nous, un cœur libre, une table rase. Il vient ici pour vendre son domaine, preuve qu'il n'a aucun désir de conserver un pied à terre près de nous, aucun dessein d'épouser l'une de nous. Je dois donc le traiter comme un personnage sans conséquence, puisqu'il n'est pas enrôlé dans le corps des prétendants à ma dot. Il est riche, c'est un droit à mon estime. Je méprise les pauvres qui cajolent les ridicules et les travers d'une femme riche. Il n'a pas été frappé des charmes transcendants d'Olympe, puisqu'il dort au lieu de courir au devant des remerciments qui l'attendent. Sa galanterie à l'endroit du clavecin est celle d'un homme qui apporte un cornet de bonbons à des petites filles. Sa confiance en mon père est le dédain seigneurial d'un patricien qui ne veut pas être en reste de procédés vis-à-vis d'un roturier. Décidément M. de Saulges a du bon, et par la raison que je ne lui plais pas, j'aimerais assez à lui paire. »

Elle se rapprocha, et, se tenant un peu en arrière du banc, de manière à voir le dormeur en profil et à pouvoir disparaître derrière les massifs au moindre mouvement qu'il ferait pour s'éveiller, elle examina sa figure avec attention.

Flavien avait une de ces beautés fières et vaillantes qui flattent l'orgueil d'une souveraine ; la taille élevée, les épaules larges, la ceinture fine, les traits admirablement dessinés, la chevelure blonde, épaisse, abondante ; les mains grandes mais blanches, et d'une belle forme ; enfin, la vigueur et la fierté des antiques races équestres.

« Il est trop beau pour ne pas être un peu bête, pensa Nathalie. Mais la nullité, chez ces êtres-là, est couverte d'un trop beau vernis de savoir-vivre pour qu'une femme ait à en rougir. On n'aime pas les gens pour ce qu'ils sont, mais pour ce qu'ils paraissent aux autres. La reine Elisabeth eût pris ce noble seigneur pour un de ses grands officiers, et, quoi qu'en dise Eveline, je suis reine, je suis Elisabeth, je suis Anglaise par nature plus qu'on ne le pense.

« Comment plairais-je à ce grand vassal ? Comment le retiendrais-je ici, au moins tout le temps des vacances, ne fût-ce que pour n'être pas abandonnée au fretin des prétendants, pendant qu'Eveline jette déjà son dévolu sur le seul homme d'esprit de la société? Je suis aussi belle dans mon genre que M. Flavien dans le sien, et d'une nature encore plus aristocratique, malgré mon origine bourgeoise. Là où celui-ci ne saurait que commander, je saurais régner. J'ai du talent, prestige infaillible sur ceux qui n'en ont pas. — Oui, mais je n'ai pas de coquetterie, et, dans ce temps-ci, il faut qu'une demoiselle fasse les avances pour se faire remarquer d'un homme qui n'aspire pas à une dot. Mais suis-je bien sûre de n'avoir pas de coquetterie? J'ai le désir d'être admirée, et la coquetterie, c'est l'esprit mis au service du besoin de plaire.. L'esprit! Eveline en a, mais moi j'ai du génie, et je ne saurais pas m'en servir pour la satisfaction de mon amour-propre ? » Elle réfléchit encore longtemps. Je crois, Dieu lui pardonne, que pendant cette orgueilleuse et grave méditation de Nathalie, il arriva à Flavien de ronfler un peu. Nathalie n'en fut point émue, et même cette pensée lui vint involontairement: « Avec un mari qui ronflerait, on aurait tout de suite le droit de passer les nuits à écrire chez soi. »

« Mais pourquoi ne nous recherche-t-il pas en mariage? pensa-t-elle. Nous sommes plus riches que lui. Il faut qu'il soit sans dettes, ou sans ambition, ou fiancé déjà... ou encore, amoureux d'une femme mariée. Enfant que j'étais! avant tout, il faut savoir cela. »

Elle cueillit une branche d'azalée, approcha derrière le banc sur la pointe du pied, la laissa tomber dans le chapeau de Flavien qui était placé à côté de lui, puis, se glissant comme une couleuvre dans les buissons, elle alla d'un air fort tranquille rejoindre le premier groupe qu'elle vit paraître sur la pelouse.

Flavien s'éveilla. Au moment de remettre son chapeau sur sa tête, il fit tomber la branche d'azalée ; il l'examina un peu comme un chien de chasse flaire la piste d'un gibier suspect.

— C'est une déclaration, dit-il... Ces filles de province, comme ça s'ennuie! Voyons!

Il détacha une des fleurs qu'il mit à sa boutonnière, et froissa le reste de la branche qu'il fourra dans la poche de côté de son habit. Puis il se leva et prit le chemin du château, résolu, dans le désœuvrement de son propre cœur, à voir venir l'aventure.

Il n'avait pas fait trois pas qu'il rencontra Caroline.

— Il n'y a, pensa-t-il, que les petites filles pour faire en jouant de pareils coups de tête. Elles appellent cela des espiègleries !

Mais Caroline, qui cherchait Nathalie, l'accosta avec sa manière accoutumée : *Bonjour, monsieur, comment vous portez-vous ?*

Il ne fallait que rencontrer ses beaux grands yeux vifs, hardis et tranquilles, pour ne pas douter un instant de son indifférence et de sa pureté. Aussi Flavien lui offrit-il son bras qu'elle accepta sans embarras, pour retourner vers sa mère, un peu vaine d'être traitée comme une personne raisonnable, et s'efforçant de régulariser son pas vagabond qui savait courir et non pas marcher.

II

II

En ce moment Thierray, après s'être éloigné d'Eveline pour ne pas paraître d'une assiduité choquante, était revenu, comme naturellement, reprendre l'assaut avec elle.

— Mademoiselle, lui disait-il, aimez-vous les papillons ?

— Je les déteste, répondit-elle. Ce sont les emblèmes de ma propre légèreté, et je ne demande qu'à me distraire de moi-même.

— Votre cousin Amédée aime beaucoup les papillons, mademoiselle.

— Ah ! dit Eveline avec son irréflexion accoutumée, c'est parce que sa tante les aime !

Il s'en fallut de peu que cette parole

imprudente n'éloignât subitement d'Eveline l'hommage qu'elle prétendait accaparer. Thierray ne voyait encore dans ses rapports avec le groupe féminin de Puy-Verdon, que le plaisir de tourmenter, d'effrayer, de supplanter, en passant, le rival qui lui tomberait sous la main. Ses yeux se portèrent rapidemen sur Olympe et sur Amédée, qui échangeaient à voix basse quelques paroles dans un coin, debout l'un et l'autre.

Il n'y avait rien de plus naturel que de voir ces deux personnes se consulter sur quelque détail d'intérieur avec cette sorte de petit mystère officiel qu'on affecte en pareille circonstance, pour ne pas troubler le loisir ou l'amusement des autres par un retour vers les choses de la réalité. Mais Thierray, se croyant sur la voie d'une découverte importante, faillit oublier Eveline qui, déjà, n'avait plus rien de mystérieux pour lui, pour courir après l'ombre d'un mystère nouveau. Il sentit passer en lui comme un vague frémissement de curiosité qu'Eveline prit pour un frisson de jalousie.

— Nathalie avait deviné juste, pensa-t-elle. M. Thierray est amoureux de ma belle-mère. Allons! c'est un combat à livrer, et je le livrerai. Il ne sera pas dit que cette jeune femme, à qui je permets d'accaparer le cœur de mon père, ne nous laissera pas un pauvre adorateur.

Elle fit si bien que Thierray resta enchaîné à ses côtés, un peu préoccupé, un peu acerbe, un peu rebelle, mais, sinon retenu par un lien de fleurs, du moins empêtré dans un écheveau de soie. Flavien arriva, et en recevant les remercîments et les éloges de la famille, il ne songea qu'à chercher dans les yeux de toutes les femmes qui se trouvaient là (car il était arrivé plusieurs voisines) la folle ou la railleuse qui avait jeté à sa tête, c'est-à-dire dans son chapeau, la branche d'azalée. Avant qu'il n'eût rencontré les yeux de Nathalie, celle-ci avait vu la fleur à sa boutonnière, et s'était dit : « Ou il n'aime personne, ou il est facile à distraire. Avec une passion sérieuse, on ne se donne pas à la première venue, et cette fleur est sur lui comme un écriteau sur une maison à vendre ou à louer. » Elle prit un journal qu'elle fit mine de parcourir, et quand Flavien, par un détour savant, trouva le moyen de venir la saluer, elle était si bien préparée à lui faire un accueil de glace, qu'après lui avoir souhaité fort gracieusement le bonjour, il s'éloigna en pensant : « Certes, ce n'est pas cette précieuse dont je porte les couleurs à ma boutonnière ! »

Eveline causait avec tant d'animation sans même le voir, et Thierray l'absorbait si bien, que Flavien sourit en se disant que ce n'était pas celle-là non plus.

Quelque dame du voisinage? Il ne s'en trouvait précisément pas une seule qui fût jolie, et on ne suppose jamais qu'un mystère de ce genre puisse cacher une figure ridicule ou déplaisante.

Restait madame Dutertre. Elle avait accueilli et remercié Flavien avec une cordialité gracieuse et calme; elle n'avait pas paru remarquer la fleur d'azalée.

Pourquoi l'eût-elle remarquée, si elle n'y était pour rien?

Mais tout d'un coup Flavien fit une remarque à son tour. Olympe avait, dans les plis de son jabot de dentelle, une fleur d'azalée toute semblable à la sienne et coupée fraîchement, car, on le sait, cette fleur ne vit qu'un instant séparée de sa tige.

Voyons! se dit encore Flavien. — Mon cher voisin, dit-il à Dutertre, c'est donc une affaire faite, vous êtes propriétaire du petit domaine de Mont-Revêche. Je ne m'en occupe plus. Mais, ajouta-t-il en regardant madame Dutertre, madame comprendra aussi bien que vous qu'il est des choses qu'on ne vend ni ne donne, des souvenirs de famille dont on ne se sépare pas. Ainsi le lit, la chambre, le petit castel, qui portent encore, pour ainsi dire, l'empreinte de ma vieille grand'tante, je n'ai jamais compté m'en dessaisir. Heureux aujourd'hui pourtant de détacher un échantillon de ce vieux mobilier, je l'ai mis à vos pieds, madame, ne sachant rien de plus précieux à vous offrir qu'une relique ainsi consacrée. Mais, comme je ne peux pas vous apporter la tour de Mont-Revêche pour la placer sur votre cheminée, permettez-moi de la garder pour moi. Aucune personne de votre famille ne voudrait habiter ce pauvre donjon si petit, si triste, si complètement isolé. Moi je m'y trouve bien, je l'ai pris déjà en amitié, et je souffrirais de le voir habité par un fermier. Je vous livre, mon cher Dutertre, les bâtiments d'exploitation qui sont au bas du monticule, mais je vous demande de me laisser sans regret ma colline de bruyère, mon fossé rempli de broussailles, et mon pied-à-terre de Mont-Revêche à côté de vous. Distrayez donc la valeur de cette habitation de celle que vous attribuez à la propriété entière.

— Elle est nulle, mon cher voisin, répondit Dutertre. Ces sortes de manoirs, qui ont une valeur historique ou artistique, n'en ont aucune dans les affaires de ce pays-ci et passent par-dessus le marché dans les contrats d'achat et de vente, à moins qu'ils ne fournissent un local à l'exploitation agricole. Ce n'est point ici le cas ; la ferme de Mont-Revêche est suffisante comme bâtiment, et votre donjon, qui ne serait pas volontiers habité par un fermier (vu sa réputation d'être hanté par les esprits), risquerait de tomber sous les outrages du temps. Nous ne distrairons donc rien de la valeur totale de la propriété, et vous garderez, vous, en toute propriété, la colline de Mont-Revêche et tout ce qu'elle comporte. A présent, laissez-moi vous dire que, dans notre marché, voilà ce qui m'enrichit le plus : c'est l'intention que vous avez de garder un pied-à-terre auprès de nous et de nous faire espérer par là le séjour ou le retour d'un excellent voisin.

Madame Dutertre approuva son mari par un regard où Flavien crut voir de l'émotion, et un sourire cordial qui se changea pourtant en rougeur lorsqu'il lui baisa la main, après avoir serré chaleureusement celle de Dutertre.

Nathalie n'avait rien perdu de cet entretien qu'elle avait paru ne pas entendre. La partie est gagnée, se dit-elle, il restera. « Un château pour une fleur, c'est assez chevaleresque. » Et elle plaça à son corsage une fleur d'azalée qu'elle avait mise en réserve pour les besoins de l'aventure. Flavien n'y prit pas garde.

Eveline aussi avait ouvert l'oreille, et comme elle ne s'obstinait pas, ainsi que Nathalie, à tenir les yeux baissés sur un journal, elle vit l'espèce de trouble enjoué et animé de Flavien, l'espèce de satisfaction tout à coup embarrassée d'Olympe. Un regard un peu trop hardi de ce dernier avait intimidé la jeune femme au milieu de sa candeur, et, chose étrange, Eveline, cette fille de dix-huit ans, ne comprenait pas la timidité. Elle pensa donc que Nathalie avait bien deviné et qu'une affaire de cœur ou de coquetterie s'engageait entre l'*excellent voisin* et sa belle-mère.

Elle s'approcha de lui pour essayer l'effet d'une bordée au hasard :

— M. de Saulges n'est ni romanesque, ni curieux, je le vois, dit-elle. On lui parle d'esprits, on lui apprend que son château est hanté, et il n'y fait pas la moindre attention.

— Est-ce que tous les châteaux ne sont pas hantés ? répondit Flavien. Tous ceux que j'ai habités ont leur légende. Le vôtre n'aurait-il pas la sienne ?

— Oh ! il n'y a de spectres que dans les châteaux abandonnés, ou dans ceux qui sont encore habités par des nobles, dit Dutertre. La bourgeoisie réaliste a mis à la porte de chez elle le monde des rêves, et c'est grand dommage, convenez-en, mesdemoiselles !

— Mais vous ne nous dites pas, s'écria Thierray, la nature des apparitions de Mont-Revêche ! Cela m'intéresse, moi !

Libre à M. de Saulges d'être blasé sur les légendes, puisqu'il en a autant que de châteaux à son service ; mais moi qui ne possède pas le plus petit fragment de machicoulis, je serais fort curieux de savoir quelles aventures nous attendent dans les nuits d'automne du Morvan.

— Ah! dit vivement Eveline, vous voyez bien que vous comptez prolonger votre séjour ici jusqu'aux nuits brumeuses d'octobre ou de novembre ! Quand je vous le disais !

Et en même temps elle regarda Flavien qui regardait Olympe.

— Je l'espère bien! dit M. Dutertre. Est-ce que nous n'avons pas formé le projet de courir et de chasser toute la saison, mon cher Thierray? Je suis à vous pour cela, une fois par semaine, car je ne chasse que le gros gibier. Mais nous nous verrons plus souvent, je l'espère; tous les jours, si vous voulez! C'est ainsi que j'entends la vie de campagne. Pas d'invitation, pas de visites! Qu'on aille, qu'on vienne, qu'on soit les uns chez les autres comme dans la famille commune, et surtout que rien ne rappelle l'étiquette méfiante et la discrétion forcée de la vie de Paris.

A huit jours de là, après une semaine

de beau soleil, après des chasses magnifiques, après des journées entières de promenades en voiture, de pêche ou d'équitation avec la famille Dutertre, Flavien et Thierray rentraient au manoir de Mont-Revêche, entre onze heures et minuit. Le temps avait changé dans la soirée : le soleil s'était couché terne et voilé : la brise était restée assez tiède ; mais une petite pluie fine avait commencé à tomber.

En revenant à cheval, côte à côte, de Puyverdon à Mont-Revêche, les deux amis s'étaient parlé à bâtons rompus, omme on peut parler au trot à l'an glaise, quand on ne se ralentit que pour monter une côte rapide ou descendre, dans l'obscurité, une pente dangereuse.

— Crésus ! avait dit Flavien au groom, dans un de ces intervalles, vous ne partirez pas demain sans que je vous voie.

— C'est donc demain que je quitte monsieur ?

— A mon grand regret, certainement, monsieur Crésus ! mais j'ai enfin trouvé dans votre pays de sauvages, chevaux, domestique et voiture, et il est temps que je vous rende à vos fonctions auprès de mademoiselle Eveline, qui a bien voulu se priver de vous pendant huit jours.

— Oh pardié! elle peut bien se passer de moi tout le restant de sa vie, objecta philosophiquement Crésus. Elle a bien d'autres laquais que moi à ses ordres; et j'ai plus besoin d'elle qu'elle n'a besoin de moi.

— Ne rendez pas notre séparation trop déchirante, monsieur Crésus, en nous montrant les trésors de votre esprit, dit Thierray; et puisqu'on n'a plus rien à vous dire, reprenez votre distance à douze têtes de cheval en arrière ; surtout comptez bien, et qu'il n'y en ait pas une de moins.

— Sont-ils bêtes ! pensa Crésus, c'est égal, ça paye bien ; et il opéra son mouvement de retraite à l'arrière-garde.

— Il fait presque froid, ce soir, dit Thierray.

— Non, c'est la campagne qui devient triste, répondit Flavien. Il reprit le trot et Thierray le suivit.

— Décidément, mon cher, dit Thierray

lorsqu'au bout de dix minutes ils se remirent au pas pour traverser un marécage, je ne suis pas né cavalier, le trot me fatigue. Je n'aime que le pas et le galop.

— Mais, mon très cher, nous irons comme tu voudras. Règle l'allure, je te suivrai. Est-ce que par hasard tu te gênes avec moi?

— Non ; mais, devant le monde, je te suis par amour-propre, et quand nous sommes seuls, je te suis par habitude.

— Pourquoi mettrais-tu de l'amour-propre à cela? Tu montes parfaitement bien.

— Il est vrai qu'on ne met d'amour-propre que dans les choses qu'on ne fait pas bien, et c'est à cause de cela que j'ai la sottise d'en mettre dans l'équitation. Je l'ai apprise avec rage ; je me suis assoupli les muscles et assuré la main avec une rapidité étonnante. J'ai analysé l'étude du cheval assimilé à l'homme, et de l'homme assimilé au cheval, avec un sérieux formidable. J'ai dépensé plus de force physique et de volonté pour cette belle science que pour apprendre à penser et à écrire, le tout par amour-propre;

et, malgré tout, Eveline m'a dit ce soir une grande vérité : vous nous jetez de la poudre aux yeux ; vous avez bonne grâce, vous faites valoir votre monture ; mais vous n'êtes pas vraiment solide, et un beau jour vous vous casserez le cou.

— Était-ce une métaphore ?

— Peut-être ! Mais il en est de cela comme de tout le reste. Pour être homme de cheval, il faut avoir abordé le manège dès l'enfance. Il faut être né pour ainsi dire à cheval, comme les enfants de famille et les grooms, comme les jeunes seigneurs et les enfants de ferme. Nous autres, descendants des races vouées au commerce, à la chicane, aux arts ou aux métiers, toute notre force, toute notre souplesse, toutes nos aptitudes sont dans le cerveau ou dans la main. Nous naissons et grandissons dans la poussière des comptoirs, des bureaux ou des ateliers. Nos muscles s'y étiolent, notre sang s'y appauvrit, nous ne vivons plus que par les nerfs. Plus tard, si les séductions du loisir s'emparent de nous, nous sommes assez adroits et assez persévérants pour imiter les hommes de loisir dans nos goûts, dans nos manières, dans nos habitudes ; mais, pour un œil exercé, nous ne sommes jamais qu'une contrefaçon du patriciat, et les femmes ne s'y trompent guère; non plus que nous-mêmes quand nous nous examinons de bonne foi.

— C'est possible, répondit Flavien. Peut-être même, à vouloir vous transformer ainsi, perdez-vous ce qui vous fait, en bien des points, supérieurs à nous.

—Quels sont donc, selon toi, mon cher ami, ces points de supériorité ?

— Tu les as signalés toi-même. Vous

avez des nerfs, ce qui vous rend beaucoup plus aptes à vous emparer de la vie de civilisation que la puissance qui réside dans nos muscles et qui relègue notre rôle aux temps de la chevalerie. Vous vivez par le cerveau, par la souplesse de l'idée, la faculté du labeur persévérant, l'adresse de la main, toutes choses qui font peut-être l'animal moins beau, mais qui font, à coup sûr, l'homme plus fort. Ne vous plaignez donc pas, hommes du tiers : vous n'êtes pas nés à cheval sur des chevaux, mais vous êtes nés à cheval sur le monde.

Il y avait loin, comme on voit, de cette

conversation à celle de la chevauchée du bois de Boulogne, huit ou dix jours auparavant. Les rôles étaient intervertis entre ces deux jeunes gens. Chacun cédait l'avantage à l'autre, de bonne grâce. La jalousie était devenue épanchement; la rivalité, concession. C'est que tous deux étaient amoureux, et que l'amour rend naïfs par moments, qu'il soit passion ou faiblesse, les cœurs les moins disposés à s'avouer vaincus.

Cependant aucune confidence n'avait été échangée entre eux. Flavien mettait un soin extrême à ne jamais prononcer devant Thierray le nom qui le préoccupait, et Thierray en parlant sans cesse d'Eveline, n'en avait encore jamais parlé sérieusement.

Le silence de la nuit était profond lorsqu'ils montèrent la colline de Mont-Revêche. La chouette, logée dans le donjon faisait seule entendre son cri aigre-doux. La lune pâle paraissait à travers la pluie fine, comme une lampe dans son globe de verre mat.

— Quel paysage mélancolique ! dit Thierray, c'est une nuit d'Ecosse, une nuit à apparitions.

— A propos, dit Flavien, as-tu fini par

savoir quelle figure ont les revenants de notre donjon? Je n'ai plus pensé à m'en informer.

— Eveline m'a conté cela; mais elle est si moqueuse que je n'en crois rien. Cela me fait songer à interroger Crésus. — Avancez, riche Crésus, et dites-nous *ce qui revient* au château de Mont-Revêche.

— Bah! monsieur, c'est des bêtises! répondit le groom morvandiot d'un ton sceptique.

— Il est possible que vous soyez un esprit fort, reprit Thierray, mais répondez à la question qu'on vous adresse, sans plus de commentaire.

— Eh mon Dieu ! ils disent comme ça dans le pays qu'il y revient une dame.

— Jeune ou vieille ? dit Flavien.

— Ah ! ça, on n'en sait rien, on l'appelle la dame au loup, parce qu'elle paraît avec un grand loup blanc qui la suit comme un chien.

— Vous vous abusez, monsieur Crésus, reprit Thierray, son loup est noir.

— Non, monsieur, c'est son masque qui est noir.

— Nous y sommes, dit Thierray à Flavien : elle n'est suivie d'aucun quadrupède ; mais elle a un masque de velours noir sur la figure. Continuez, Crésus. Quelle figure a-t-elle sous son masque ?

— Ça dépend, monsieur. Quand elle est de bonne humeur, elle est toute jeune et assez gentille, qu'on dit. Quand elle est en colère, elle est vieille et laide comme un diable. Mais quand elle veut faire mourir quelqu'un et qu'elle tire son masque, on voit une figure de mort desséchée, et il faut partir dans la huitaine. Voilà ce qu'on dit; mais c'est des fameuses bêtises.

— Tout cela est très conforme à la version d'Eveline, dit Thierray en mettant pied à terre; car on était entré dans la cour du château. Eh bien! cette légende est jolie.

— Comment, vous n'êtes pas couché, Gervais? dit Flavien à son vieux serviteur qui venait à sa rencontre. Je vous ai défendu de veiller pour m'attendre; ce service-là n'est plus de votre âge.

—Oh! que monsieur le comte ne fasse

pas attention, répondit le vieillard; c'est que je tiens à fermer la porte moi-même derrière ces messieurs.

— Eh bien! croyez-vous que nous ne soyons pas assez grands garçons pour la fermer nous-mêmes? Au lit, au lit! mon vieux brave.

— J'y vais, monsieur, répondit Gervais après avoir été tâter et palper la porte, déjà fermée, avec une insistance singulière.

— C'est que nous ne saurions pas la fermer comme lui, dà! dit Crésus à demi voix à Thierray. Vous ne voyez pas qu'il fait une croix dessus avec ses doigts? Ah! vous parlez de la dame au loup! C'est lui qui gobe cette bêtise-là!

— Vraiment! dit Thierray. Ecoutez donc ici, père Gervais. Est-ce que vous l'avez vue, vous?

— Qui donc, monsieur? dit Gervais tout ému.

— Eh! la dame au loup!

— Oui, monsieur, répondit le bonhomme avec une grande assurance, et en faisant le signe de la croix. Puisqu'il vous plaît d'en parler et de la nommer, je ne suis pas un enfant pour en avoir peur. Je suis bon chrétien, Dieu merci! et je sais des prières pour l'éloigner. Mais traitez-moi de fou et d'imbécille, si vous voulez, je l'ai vue comme je vous vois, et justement là, à la place où vous êtes.

Il n'y avait pas à discuter devant une conviction si nettement posée. Aussi, ni Flavien ni Thierray n'y songèrent, et, plus curieux qu'épilogueurs, ils le pressèrent de questions.

— Il est aisé de vous contenter, messieurs; car cela n'est pas un conte, c'est une histoire.... La dame Hélyette de Mont-Revêche est morte ici en l'an 1665, et vous verrez son portrait dans le grenier quand vous voudrez. Eh bien! le costume qu'elle a dans son portrait, elle le porte encore; et le masque que vous verrez sur sa figure, elle ne le quitte pas pour se promener dans les bois. Mais quand il lui prend fantaisie d'entrer dans le château, elle l'ôte, et c'est alors qu'elle est nuisible.

— L'a-t-elle ôté devant vous? dit Thierray.

— Non, monsieur, elle n'en a pas eu

le temps; je l'ai exorcisée, et elle s'est dissipée en brouillard.

— Ainsi, vous ne connaissez pas son visage?

— Non, Dieu merci!

— Mais vous ne nous avez pas dit son histoire.

Gervais frémit; mais, se remettant aussitôt :

— Je suis un vieux soldat, dit-il, et je n'étais pas plus poltron qu'un autre devant les Croates, qui m'ont fendu le cerveau à coups de sabre au passage du Mincio. Je peux donc me moquer d'une mauvaise âme en peine. Voilà l'histoire, messieurs ; elle n'est pas longue, mais elle est vraie :

III

« La dame Hélyette de Mont-Revêche était amoureuse d'un croquant, dit Gervais, on dit un petit clerc de Clamecy. Pour se défaire de son mari, qui avait découvert son intrigue, elle donna dans la science du diable, dans les poisons, et elle montait dans le haut du donjon, où vous verrez ses fourneaux. Elle composa un breuvage qui fit mourir lentement monsieur son mari, Tranchelion de Mont-Revêche. Et comme la chose lui réussit sans éveiller les soupçons de la justice, elle résolut d'épouser son amant le croquant; mais elle apprit que le drôle était déjà marié dans le Rouergue, et elle s'apprêta à le faire mourir de la même façon. Or, comme elle était en train de souffler ses fourneaux d'enfer, une belle nuit, je ne sais quelle drogue elle versait dans la chaudière, lui sauta au visage et lui fit une brûlure effroyable. Cela fit du bruit. Le croquant eut l'éveil et quitta le pays. Madame Hélyette vécut seule et mourut vieille, ayant, depuis ce moment, toujours porté sur la figure ce qu'on appelait un loup, avec lequel elle voulut être enterrée, pour cacher jusque dans le tombeau la marque de son crime. Les paysans, qui sont ignorants et qui arrangent tout à leur idée, jouant sur le mot, prétendent qu'elle avait apprivoisé un grand vilain loup, à qui elle faisait dévorer ceux qui ne payaient pas la taille; qu'il a été enterré à ses pieds et qu'il revient avec elle; mais cela est faux, et je vous conte l'histoire exacte telle que je l'ai entendu raconter à madame la chanoinesse, qui la savait bien, la tenant du plus ancien curé des paroisses environnantes.

Gervais, ayant fini sa narration, fit encore gravement le signe de la croix, salua son maître et voulut se retirer.

— Attendez, Gervais, dit Flavien ; n'existe-t-il aucun document sur cette histoire dans les titres de la propriété ?

— Non, monsieur, répondit Gervais. Vous y trouverez bien les noms, titres, contrats et ventes qui prouvent l'existence de madame Hélyette et de M. Tranchelion ; mais de cette histoire, qui n'a été qu'accréditée par la rumeur publique, madame votre tante a eu beau chercher, il ne reste pas de traces.

— Sinon le portrait et les fourneaux? dit Thierray. Ma foi, je ne me coucherai pas sans les voir.

— Ni moi non plus, dit Flavien. Prêtez-nous votre lanterne, Gervais, car il doit pleuvoir dans le donjon.

— Non, monsieur le comte, le donjon est bien couvert. Mais je vais vous éclairer moi-même.

Et, avec une résolution qui contrastait avec ses croyances superstitieuses, le bonhomme marcha devant eux, traversa la cour, monta l'escalier du donjon et ne s'arrêta que dans une sorte de grenier où, parmi de vieux meubles, il trouva et leur montra les débris d'un alambic et les pièces d'un fourneau à expériences chimiques qui avait été noirci par le feu. Puis il toucha diverses toiles roulées, anciens portraits détachés de leurs cadres, qui ne portaient presque plus de traces de peinture sur leur trame usée, et il en choisit une qui paraissait un peu mieux conservée :

— C'est elle ! dit-il sans l'ouvrir.

— Emportons-la, dit Thierray, nous la verrons mieux au salon ; car si cette figure est désagréable au bon Gervais, il est inutile de le contrarier et de le tenir éveillé plus longtemps.

Gervais salua en silence, conduisit ses maîtres au salon, alluma des bougies, leur fit remarquer qu'il y avait du feu, une bouilloire, du thé, du rhum, des citrons, des gâteaux, des cigares, et se retira fort calme, tandis que Crésus, après avoir rentré et pansé ses chevaux, regagnait aussi sa chambre en sifflant avec insouciance.

— Voyons madame Hélyette ! dit Thierray en déroulant la toile.

La toile était un peu écaillée partout, un peu mangée aux rats dans les angles : néanmoins, madame Hélyette était parfaitement visible, et la peinture n'était pas très mauvaise. La dame était en amazone du temps de mademoiselle de Montpensier. Elle portait un chapeau de feutre mou avec une plume verte ; son justaucorps chamois était serré d'une écharpe. Elle avait les cheveux bouclés comme naturellement, et ces cheveux étaient blonds ; le cou, le menton et la main paraissaient jeunes ; la bouche était charmante, vermeille et doucereuse ; le masque noir cachait le reste. Sur le fond du tableau, on lisait en lettres dorées au pinceau, le nom et la date que Gervais avait signalés avec exactitude.

— J'emporterai cette peinture et je la ferai restaurer, dit Flavien.

— Garde-t-en bien, dit Thierray, elle perdrait toute sa valeur, tout son caractère ; fixons-la à la tenture avec des épingles, et nous lui trouverons un cadre en harmonie avec son air de vétusté.

Ils trouvèrent sur la pelotte de la chanoinesse des épingles qui avaient servi à la toilette de la chanoinesse, et madame Hélyette fut exhibée à la muraille. En ce moment, une voix rauque et plaintive prononça distinctement dans un angle de l'appartement : *Mes bons amis, je vais mourir !*

C'était le vieux perroquet, qui, trompé par les lumières, procédait lentement à son réveil quotidien en faisant le gros dos et en répétant les paroles uniques de son vocabulaire.

—Quoi, cette affreuse bête est toujours ici? dit Flavien. Vraiment tout est lugubre dans ce sombre Morvan et dans cette maussade demeure de Mont-Revêche !

— Pour le coup, dit Thierray en s'approchant de Jacot le centenaire, et en le grattant avec une sorte de complaisance, c'est toi qui as des nerfs, ce soir, mon cher ami. De quoi te plains-tu? Tu es dans un vieux château, petit, mais revêche au possible ; autour de toi, des terres que tu n'as pas l'ennui et la déception de faire valoir, puisqu'elles sont vendues, et, de toutes les manières d'exploiter la propriété territoriale en France, c'est la seule que je comprenne et que je voudrais mettre en usage si Dieu m'avait affligé d'un patrimoine. Tu as, du haut de ton domaine, une vue magnifique, pour peu que tu veuilles monter les cent dix-sept marches de ton beffroi. Tes bois n'ont plus d'épines pour toi depuis que tu t'y promènes en amateur; mais ils ont toujours du gibier qu'on te prie en grâce de tuer pour sauver les sarrasins et les pommes de terre d'alentour. Enfin, tu as des revenants dans ton château, une légende terrible, un portrait mystérieux, des fourneaux d'alchimiste et une voix de sybille qui a appris des paroles de mort, tout exprès pour réjouir tes oreilles romantiques dans les nuits d'automne. Que diable te faut-il de plus? Si j'avais tout cela, moi, seulement pour un an, je me referais le cœur et l'imagination pour tout le reste de ma vie.

— Et qui t'empêche d'y rester, Thierray? d'y rester un an, dix ans, toujours, si bon te semble? Voyons, ne veux-tu pas accepter mon château de Mont-Revêche, à présent qu'il a été bien constaté qu'il n'avait aucune valeur commerciale et qu'il pouvait entrer dans le contrat, ou rester en dehors sans rien changer aux conditions de la vente?

— Tu oublies, mon cher Flavien, que pour habiter une masure comme celle-ci sans qu'elle vous tombe sur la tête, il faut au moins mille francs de réparation tous les ans, et qu'avec ma plume je me fais tout au plus six milles livres de rente, à la condition de travailler sans relâche.

Tu crois donc que les vers rapportent quelque chose? Or, je fais malgré moi beaucoup de vers, et ma prose ne me dédommage pas du temps qu'ils me font perdre.

— Eh bien ! gardons ce manoir à nous deux. Je me chargerai de l'entretenir, de l'étayer...

— Et les portes et fenêtres ? dit Thierray. Du côté de la campagne, il y a économie ; mais sur le préau, c'est une ruche, une dentelle !

— Cela me regarde aussi, puisque je

me suis imposé comme un devoir de rester propriétaire de la maison de ma tante. Faisons donc ce marché-là ; tu auras, ta vie durant, la jouissance nette de cette maison, sans aucune charge d'entretien ni d'impôts, et j'y viendrai de temps en temps philosopher ou fumer avec toi... Sais-tu faire du punch ? Il y a là tout ce qu'il faut.

— Oui, je sais faire le punch ! Mais cette idée matérialiste qui te vient, ajouta Thierray en versant l'eau dans la théière, me ramène au sentiment de la réalité. De quoi vivrais-je ici ? Tu n'as pas la prétention de me nourrir. Nous avons vendu nos terres (tu vois que je parle déjà en seigneur de Mont-Revêche), et je ne veux pas manger les pierres de mon donjon... Ah! attends! une idée! je connais déjà les moindres détails de mon habitation!

Il alla ouvrir un tiroir de bureau en bois de rose, et y prit un petit livre de pauvre apparence, un simple livre de cuisine, mais très propre, et même parfumé à l'ambre, comme le contenu de tous les tiroirs de la chanoinesse. Année 1846...! dit-il, c'est l'année dernière. Journal de la semaine.... mémoire de Manette; dépense de table, 12 livres 6

sous... pas possible ! pour une semaine ?
Voyons donc ! cet ordinaire doit faire
frémir ! Menu du 10 septembre ! Tiens,
c'est la date d'aujourd'hui : un poulet,
une truite, une omelette soufflée... Menu
du 11 : une carpe, un perdreau, cro-
quettes de riz... Et les déjeuners, il n'en
est pas question ! Ah ! j'y suis ; les déjeuners se font avec les restes des dîners,
du laitage, des œufs... Voyons donc,
épices, savon, bougie... Manette est un
trésor de probité. Ma portière me compte
ma bougie le double... Avec la nourri-
ture, le chauffage, etc., etc., 104, 102,
105 fr. par mois... par an, un peu plus
de douze cents livres...

— La terre de Mont-Revêche en rapportait deux mille, et ma tante faisait des économies.

— Vive Dieu! et je ne vivrais pas ici comme Sancho dans son île! Si fait! Je passe l'hiver ici, Flavien, je dépense vingt-cinq louis, et je retourne à Paris avec de l'embonpoint et trois volumes non mangés d'avance; ma fortune est faite.... Et, si tu veux m'en croire, tu resteras avec moi; tu te reposeras du monde, tu rajeuniras ton sang et ton âme et tu épouseras une des demoiselles Dutertre pour faire une bonne fin.

— Laquelle me cèdes-tu? dit Flavien

en riant. Ah! que ton punch est fade!
Est-ce Nathalie ou la Benjamine que tu
me laisses?

— On dit que Nathalie fait des vers superbes?

— Pouah!

— Ah çà! rappelle-toi donc que j'en
fais, moi, et dissimule ton mépris.

— Eh! mon cher, c'est à ton punch
que je fais la grimace. J'aime les vers,
et je sais que Nathalie les fait bien.

— Et elle est belle! Un air de reine du dixième siècle!

— Des bandeaux nattés! Je déteste cela. N'importe, ses vers sont beaux.

Et Flavien bâilla.

— Tu les connais donc?

— De réputation.

— Je crois que tu préfères Benjamine!

— Pauvre petite fille! dit Flavien. Elle

est adorable ! Je la mettrais en pension jusqu'à sa majorité.

— Alors, c'est donc Eveline ! Eveline l'amazone, la dame de mes pensées ?

— Je ne veux pas t'en dégoûter ; mais ma femme ne montera jamais à cheval : elle me rappellerait trop mes maîtresses.

— Alors.... c'est donc madame Dutertre, la belle Olympe ?

— Mon cher ami, tu me parles mariage! Je ne peux pas épouser madame Dutertre!

— Mais tu peux l'aimer.

— Aimer, moi, une femme qui ne serait pas à moi? Et mon besoin de domination, qu'en fais-tu?

— Je crois que c'est une prétention que tu as; car tu es le caractère le moins emporté, le plus égal et le plus obligeant que je connaisse.

— Possible. Mais, ce qui me plaît, je veux le posséder; et ce que je possède, je ne veux pas le partager. Parlons de toi : il faut rester ici.

— Pourquoi?

— Parce qu'il faut épouser Eveline.

— Pourquoi encore?

— Tu es amoureux d'elle.

— Me demandes-tu cela sérieusement?

— Je ne te le demande pas, je te l'affirme.

— Flavien!...

— Thierray !

— Est-ce que tu crois possible que je sois amoureux, après tout ce que je t'ai dit ?

— Oui.

— Je me serais donc trompé sur moi-même jusqu'à présent ?

— Non, tu t'es menti à toi-même.

— Oh ! oh !

— Oui, mon cher, j'ai des raisons pour

brusquer tes détours d'esprit et tes mignardises de moquerie.

— Ah! voyons! quelles raisons?

— Une seule suffira, et c'est la meilleure : j'ai de l'estime, j'ai de l'amitié pour toi.

— Voici la première fois de ta vie que tu me dis cette bonne parole, et nous nous connaissons depuis trente ans!

— Oui, mais il y a trente ans que tu

sais que je t'aime, et il est même fort inutile que je te le dise aujourd'hui.

— Pardonne-moi, Flavien, dit Thierray en lui tendant les mains avec effusion; mais je ne l'avais jamais cru.

— Vraiment? dit Flavien étonné : c'est mal, cela! Et il hésita à lui prendre les mains; mais il fit réflexion, et les lui serrant : — Oui, tu es méfiant, dit-il, c'est-à-dire malheureux, je dois te pardonner.

— Que veux-tu? J'étais le fils de ton avoué. C'était si peu de chose que le fils d'un procureur de province dans les idées de ta noble famille ! Nous avons fait ensemble nos premières études, mais il y avait aussi une distance d'âge entre nous. J'étais ton aîné de quatre ans ; j'étais humilié de commencer si tard et d'être sur les mêmes bancs d'école avec un enfant à qui la fortune tenait lieu de précocité.

— J'aurais donc dû souffrir davantage, moi qui, parti du même point, restai si fort en arrière ?

— J'avais la raison de mon âge et la volonté de ma race, voilà tout. Quand je sortis du collège, je te trouvai déjà homme, et moi je n'étais qu'un écolier mal habillé, gauche et honteux.

— Oui! on m'avait retiré du collège où je ne faisais rien, et où tu te distinguais, pour me faire mener la vie de château où j'appris l'escrime, l'équitation et l'art de nouer ma cravate. Tu m'admiras beaucoup, sans doute?

— Je l'avoue, dit Thierray, j'eus honte de moi.

— C'est que, bien que beaucoup plus homme que moi, tu étais encore à bien des égards un enfant. Quant à moi, je l'étais tout à fait, et je méprisai ton latin et ton grec, que j'envie aujourd'hui.

— Tu n'avais pas grande idée de moi et je le sentais. Je te haïssais presque, et pourtant je t'enviais.

— Moi, voilà la différence, dit Flavien, et je m'en souviens bien, je t'aimais.

— Et pourquoi ?

— Je n'en sais rien. Mes parents te trouvaient suffisant et sot. Cela me faisait de la peine, je savais que tu avais de l'esprit.

— Ce n'était donc pas seulement de la politesse, de l'affabilité, ces manières de *bon garçon* que tu conservas toujours avec moi ?

— Non, c'était un besoin d'équité envers toi. Je t'aurais voulu moins savant et moins content de toi-même à certains égards ; mais, quand on te refusait ce qui était dû à ton intelligence, à ta fierté, à ta droiture, j'étais révolté de cette injustice.

— Mais depuis, Flavien, quand nous nous sommes retrouvés jeunes gens, et puis hommes faits, dans le monde, n'as-tu pas eu pour moi le sentiment de la protection plutôt que celui de la sympathie ?

— J'ai eu l'un et l'autre, mon cher ami.

— Mais tu aurais dû me connaître assez pour savoir que cette idée d'être protégé par un homme..

— Moins instruit et moins intelligent que toi, te blessait? n'est-ce pas, c'est cela ?

— Eh bien ! oui, soyons francs. N'as tu

pas sur moi d'autres avantages incontestables? Tu es beau comme un chasseur antique, et je suis maigre et noir comme un scribe. Tu es un noble comte, et je suis un croquant, moi, comme l'amant de madame Hélyette. Tu as la grâce et l'aisance qui font que tu causes souvent mieux que moi sans te donner aucune peine, tandis que je sue sang et eau, sans en avoir l'air, pour mettre un frein à une exaltation qu'on peut prendre pour de l'emphase, à une ironie qui pourrait être taxée d'impertinence. Tu es toujours dans la science de la mesure des mots, et je ne suis que dans celle de la mesure des idées. Tu vogues à ton aise dans le convenu, moi j'y étouffe ; enfin tu pourrais être un sot sans qu'on s'en doutât, et moi être traité de fou, en ayant beaucoup de raison. Donc, passe-moi la vanité d'avoir cru quelquefois que j'avais le fonds et toi la forme. Aujourd'hui tout tombe devant ta franchise, et je t'avoue que je me sens le plus petit de nous deux.

— Pourquoi donc, mon ami ?

— Parce que tu viens de me dire une grande parole : *je t'ai toujours aimé !* Et moi qui en avais toujours douté, je sens que le cœur vaut mieux que l'esprit.

Thierray, en parlant ainsi, avait une larme au bord de la paupière. Il était moins bon réellement que Flavien, mais il sentait plus vivement, et il réparait une vie de méfiance et de jalousie par une heure d'entraînement et d'effusion plus profonde qu'il n'était donné à Flavien de le lui rendre.

Pourtant ce dernier vit l'émotion de son compagnon et lui en sut gré.

— C'en est assez, ami, lui dit-il en lui prenant encore la main. Pardonnons-nous le passé, et disons-nous que nous nous sommes toujours estimés et protégés mutuellement. Dans les réunions de jeunes gens de mon espèce où je t'ai attiré, je t'ai sauvé, à ton insu, plus d'une méchante affaire. Dans les réunions de gens de lettres et d'artistes où je t'ai suivi, je suis certain que tu m'as sauvé plus d'un ridicule. Ne soyons jamais humiliés de nous devoir une assistance mutuelle, et brûlons au feu de l'amitié toutes nos petitesses.

A présent, continua-t-il, permets-moi de te parler de ton avenir. Il peut être beau. Tu n'es pas né pour aspirer péniblement à la fortune. Il faut qu'elle vienne te trouver; tes goûts sont ceux d'un homme d'élégance, d'indépendance, de contemplation. Ton talent n'a pas besoin du stimulant de la misère. Loin de là, la misère le glacerait, car si tu sais souffrir, tu ne sais pas renoncer. Sois donc riche, tu le peux. Epouse mademoiselle Eveline Dutertre.

— Epouser une fille riche, arriver au luxe, à la liberté, à la satisfaction de tous mes appétits par une platitude? Jamais!

— Depuis quand est-ce une platitude d'épouser une femme qu'on aime?

— Eh bien! oui, je l'aime, puisque tu

l'as deviné, mais pas comme tu crois. J'en suis amoureux, je la désire passionnément, mais...

— Mais quoi?

— Mais elle est coquette et je la crains.

— C'est une coquetterie innocente.

— Qui peut devenir terrible, odieuse par conséquent à mes yeux, après m'avoir semblé charmante.

— Cependant cette fille est bonne au fond du cœur.

— C'est vrai ! je vois que tu l'as observée mieux que je ne pensais. Mais j'ai peur d'elle. Que veux-tu que je te dise ? elle est blonde... blonde comme madame Hélyette !

Et Thierray, qui s'était retourné vers le portrait tressaillit involontairement.

— Allons, poète ! allons, rêveur ! dit Flavien en riant, ne vas-tu pas imaginer une ressemblance sous ce masque ?

— La femme coquette est un éternel personnage de bal masqué, reprit Thierray. Tiens, ami, ne m'interroge pas trop, je ne sais encore où j'en suis. Dans huit jours j'en serai peut-être fort dégoûté ; je le suis à chaque instant, mais elle me reprend. *Rendre et reprendre*, c'est la devise et la science de cette amazone consommée ; mais moi, qui suis un cheval assez quinteux, je prendrai peut-être le mors aux dents. Ne faisons donc pas de projets. Laisse-moi m'oublier un peu dans ce jeu délicat, excitant et nerveux, qu'une jeune fille charmante livre à mon imagination. Ne me rappelle pas qu'elle est riche, et que tout cela pourrait bien finir par un notaire et un adjoint. A ce tableau ma flamme pâlit, et je pense à M. Tranchelion, qui ne fut peut-être pas plus empoisonné que nous ne le sommes, mais qui fut probablement haï, méprisé et trompé par cette blonde masquée.

— Je ne te dirai plus que quelques mots, répondit Flavien. Dutertre est riche, mais vraiment grand. Il veut que ses filles se marient à leur gré... Tu vois chez lui des gentilshommes, des industriels, des fonctionnaires, des artistes, des riches, des pauvres, des partis de toutes sortes, en un mot. Ces demoiselles ont donc de quoi choisir ; mais pour le mariage, entends-tu bien ? Elles vivent dans une grande liberté ; elles ont une belle-mère jeune, qui ne voudrait ni ne pourrait les gouverner Dutertre est persuadé qu'elles savent se gouverner elles-mêmes... Si tu t'apercevais du contraire, si cette indulgence, cette loyauté des parents, venaient à enhardir des caprices... des malheurs domestiques... tu comprends, mon ami : Dutertre est le plus pur, le plus généreux, le meilleur des hommes... On se reprocherait toute sa vie d'avoir répondu à sa confiance par une trahison. Bonsoir ! il se fait tard ; et comme, grâce au signe de croix que Gervais a fait sur la porte, madame Hélyette se tiendra tranquille cette nuit, nous allons, je crois, dormir profondément.

Les deux amis se séparèrent. Thierray songea quelques instants aux dernières paroles de Flavien. Elles n'inquiétèrent pas sa conscience.

— Je ne suis pas un enfant, se dit-il, pour séduire malgré moi et mettre à mal bêtement une jeune fille. J'ai traversé plus d'un danger. Je ne suis plus dans la première fleur de la jeunesse ; j'ai assez usé mes passions pour n'avoir pas un immense mérite à les gouverner.

Et là-dessus il s'endormit.

IV

IV

Cette même nuit, à peu près à la même heure où les habitants de Mont-Revêche avaient devisé de la sorte, Dutertre causait avec Amédée à Puy-Verdon. Après le départ de Flavien et de

Thierray, chacun s'était retiré dans son appartement, à l'exception du chef de la famille qui avait suivi Amédée dans le pavillon carré, sous prétexte d'affaires. Quand ils furent seuls, Dutertre, fermant les registres que son neveu avait ouverts devant lui, lui parla ainsi :

— Mon enfant, tu es triste, j'en veux savoir la cause.

Amédée tressaillit douloureusement, n'essaya pas de nier, mais ne répondit pas.

— Voyons, dit Dutertre en lui prenant

les deux mains, n'es-tu pas mon fils ? Ne dois-je pas connaître ton cœur, et ne dépend-il plus de moi de te rendre heureux ?

— Mon oncle, mon père ! s'écria le jeune homme en serrant les mains de M. Dutertre, je suis assez heureux si vous êtes content de moi, et je ne demande qu'à vous servir toute ma vie, de près, de loin, comme vous voudrez.

— Amédée, je veux que ce soit de près, je veux que tu ne quittes pas ma famille, à moins que tu ne sois dégoûté d'en être.

Il attendait une effusion, un aveu. Amédée eut des larmes d'attendrissement et ne parla point.

— Voyons, voyons donc! reprit Dutertre, de la confiance, enfant! Est-ce de toi-même ou de moi que tu doutes?

— Ni de moi ni de vous, mon meilleur ami, dit Amédée. Mais j'ignore sur quoi vous m'interrogez.

— Sur ta mélancolie. Sais-tu que je te trouve changé?

— Je me porte bien, je vous le jure;

et si je suis mélancolique... — oui, je reconnais que je suis mélancolique — il m'est impossible de vous en dire la cause.

— Impossible ? s'écria Dutertre, étonné de la fermeté de cette réponse. Il y a, entre ton cœur et le mien quelque chose d'impossible ? Amédée, j'ai donc quelque tort envers toi ? j'ai donc mérité de perdre ton affection ?

— Ah ! je m'attendais à cette épreuve ; mais elle est terrible ! s'écria le jeune homme avec une profonde émotion. Tenez, mon oncle, épargnez-la moi ! Je vous aime plus que la vie; je serais le dernier des ingrats ou des égoistes, si je vous préférais quelque chose ou quelqu'un sur la terre. Vous êtes mon premier amour, ma première vénération, mon premier devoir; vous êtes le seul cri de mon âme, le seul but de ma vie. Le mal que je ressens ne me vient pas de vous. S'il me venait de vous, je ne le sentirais pas, ou je le bénirais!

— Eh bien! quoi? dit Dutertre. Il faut donc que je devine? Eveline est coquette, et, pour le moment, tu es jaloux de M. Thierray.

— De M. Thierray? Je n'y ai pas songé,

mon oncle. J'ignore si Eveline est coquette. Il me semble qu'elle a le droit d'être tout ce qu'elle veut être. Je ne suis pas amoureux d'Eveline.

— Regarde moi en face pour me dire cela, dit Dutertre en souriant. Tu n'es pas, tu n'as jamais été amoureux d'Eveline ?

— Pas plus que si elle était ma sœur. Regardez-moi bien, mon oncle : vous verrez que je ne vous trompe pas.

— Ah çà !.. reprit Dutertre fort étonné, la délicatesse, la vertu, ont-elles sur toi assez d'empire pour étouffer l'amour dès son premier germe? Dis-moi donc, Amédée, est-ce que tu t'es jamais persuadé qu'il fallait être riche pour devenir mon gendre?

— Jamais! je vous connais trop bien pour cela. Je sais que si nous nous aimions, Eveline et moi... Mais nous ne ne nous aimons pas, mon oncle, ou du moins, nous n'avons que de l'amitié l'un pour l'autre.

— Quoi! ces promenades ensemble, cette espèce de domination qu'elle s'arroge sur toi, cette infatigable complaisance de ta part, ce soin jaloux de la protéger...

— Je fais mon office de frère.

— A contre-cœur, peut-être ? c'est impossible.

— Oui, mon oncle, il est impossible que je me fasse à contre-cœur l'écuyer, le gardien, le serviteur et le protecteur de votre fille, puisque c'est mon devoir, et un devoir rempli envers vous ne me semblera jamais pénible ni désagréable.

— Enfin, tu me donnes ta parole

d'honneur que l'assiduité de Thierray ne te chagrine pas ?

— Je vous en donne ma parole d'honneur.

— Allons ! Olympe et moi nous nous sommes trompés.

— Olympe !... ma tante croit que...

Amédée, un instant troublé, se remit aussitôt. Oui, ma tante s'est trompée, dit-il.

— Alors, c'est donc Nathalie, ma muse sérieuse, qui s'est emparée de ton imagination ?

— Non, mon oncle, je n'ai jamais pensé à Nathalie plus qu'à Eveline.

— Eh bien ! c'est donc ma Benjamine? Je ne me serais pas attendu à cela; car je ne la croyais pas en âge d'inspirer un sentiment...

— Mais non, mon oncle, Caroline n'est pas en âge d'inspirer...

— Alors, ce n'est donc personne d'ici ? Voilà qui m'étonne et m'affecte un peu, je te l'avouerai. Quoi ! j'ai élevé un être excellent, avec la secrète ambition d'en faire tout à fait mon fils ; il est ce qu'après tout examen et toute recherche je puis offrir de plus aimable, de meilleur et de plus sûr à mes filles, et il n'en est pas une qui lui plaise assez pour qu'il veuille se donner la peine de lui plaire à son tour? Il faudra que ce trésor nous échappe et aille faire la joie et l'orgueil d'une famille étrangère! Allons, mon amour-propre paternel est piqué, tu vois, et mon âme un peu affligée ; mais je ne t'en aime pas moins, car l'amour ne se commande pas, et je vois bien que ton cœur ne t'a pas demandé la permission de s'échapper de la maison.

— Non, mon oncle, mon cœur ne s'est

pas échappé d'ici et ne s'en échappera jamais. Je ne me livre pas au sentiment de l'amour, je défends ma jeunesse de cette tentation, que vous seul devez m'interdire ou me permettre un jour. Je n'ai pas encore pensé au mariage. Si vous voulez que j'y songe plus tard, j'y songerai ; si vous faites dépendre en partie votre bonheur de l'affection que pourrait me témoigner une de vos filles, je tâcherai d'en inspirer à votre Benjamine, quand elle sera en âge de ressentir un sentiment plus vif que l'amitié fraternelle. De mes trois sœurs, c'est celle dont les goûts et le caractère seraient le plus conformes aux miens. Mais elle n'a que seize ans, et montre encore les douces aptitudes et les développements incomplets de l'enfance. Laissons-la grandir, et dans trois ou quatre ans, je serai, j'espère être digne d'elle et capable de la rendre heureuse.

Cette réponse fut faite avec franchise et fermeté. Dutertre sourit avec affection.

— A la bonne heure! dit-il. Ce projet, car ce n'est encore qu'un projet, me charme sans me rassurer beaucoup. N'importe, tu me laisses de l'espoir, et je t'en remercie. Ma Benjamine!... Oui, celle-là... elle est bien bonne, n'est-ce pas, Amédée ? Elle m'aime comme tu m'aimes... Et elle chérit sa jeune mère comme nous la chérissons !

Dutertre, absorbé par une foule d'idées tristes et douces, rêva un instant, caressant les unes et refoulant les autres. Il ne vit pas le malaise douloureux d'Amédée, et il allait lui dire bonsoir, lorsqu'un souvenir le frappa, mais sans l'inquiéter. — A propos, dit-il, explique-moi donc ces plaisanteries de Nathalie, auxquelles Eveline a pris une sorte de part, l'autre jour. Tu te promènes donc la nuit sur la pelouse, ou dans les massifs ? Tu rêves donc à la lune comme un amoureux de roman ? Cela t'est bien permis ; mais pourquoi ces demoiselles avaient-elles un air piqué, presque menaçant en t'interrogeant sur tes prétendus travaux de la nuit, et sur ta lampe, qui, disent-elles, brûle souvent dans le vide ?

— Ne me questionnez pas sur une chose si frivole, mon oncle, répondit Amédée plus triste que confus. Je ne pourrais pas vous répondre.

— Allons ! je comprends ! cela ne me regarde pas, en effet, et j'ai tort de vouloir pénétrer les petits mystères de la conduite d'un jeune homme. Pourtant, mon ami, je dois te dire que, dans une maison comme la nôtre, où des regards d'une innocente, mais violente curiosité enfantine, épient toutes choses sans les comprendre, il faut que le mystère de ces petites faiblesses soit complet...

— Quoi, mon oncle, s'écria Amédée surpris et même blessé, vous me croyez capable d'avoir une intrigue de ce genre dans votre maison ? Vous pensez que, si le démon de la jeunesse troublait mes nuits, je respecterais assez peu le sanctuaire de votre famille pour satisfaire mes passions sous le toit qui protège votre femme et vos filles, et pour les exposer à surprendre seulement un regard échangé avec quelque femme attachée à leur service? Non, non! cette maison m'est sacrée! et je n'y voudrais pas même caresser une pensée qui pourrait souiller la pureté de l'air qu'on y respire.

— Noble cœur! dit Dutertre en l'embrassant : ah! je le vois, je ne t'estime pas encore ce que tu vaux! Pardonne-moi, enfant! mais alors, quand tu te promènes seul, la nuit... es-tu poète? ou es-tu triste?

— Peut-être suis-je l'un et l'autre, mais c'est sans le savoir, je vous jure, répondit Amédée avec un sourire mélancolique et candide.

En ce moment un cri aigu et déchirant retentit dans la nuit sonore. Dutertre tressaillit, et son regard terrifié rencontra celui d'Amédée.

—Qu'est-ce donc? dit-il, ce cri est parti de mon appartement? C'est la voix de ma femme!

Et il s'élança vers la porte. Amédée le retint.

— Non, mon oncle, dit-il, n'y allez pas.

— Comment, n'y allez pas? s'écria Dutertre.

— Ce n'est pas... non, ce n'est pas ce que vous croyez... il n'y a rien là qui doive vous effrayer...

Amédée parlait dans une sorte d'égarement. Dutertre était trop effrayé pour y faire attention. Il se dégagea et courut vers l'aile du château dans laquelle on pénétrait, de ce côté de la pelouse, par le perron de la tourelle. Il traversa le boudoir qui occupait le rez-de-chaussée, monta l'escalier en spirale et entra dans son appartement. Tout était calme et silencieux. Olympe parut s'éveiller dès qu'il entra.

— Olympe, vous dormiez? lui dit-il. Alors vous rêviez? Vous avez crié. C'est vous, n'est-ce pas, qui avez crié? Je ne prendrais pas une autre voix pour la vôtre?

— J'ai crié? dit Olympe, qui parut faire un grand effort pour s'éveiller ou pour se souvenir. Je n'en sais vraiment rien, mon ami! Je n'ai pas conscience de cela. Mais qu'importe?

— Ma chère femme, vous n'êtes pas malade?

Elle porta doucement à ses lèvres la main de Dutertre qui tenait les siennes, et comme accablée du sommeil de la santé ou de la fatigue, elle retomba sur son oreiller et ses yeux se fermèrent. Dutertre interrogea son pouls, il était lent et faible; il toucha son front de ses lèvres. Il était frais et calme. Elle avait un sourire angélique, une pâleur transparente, une beauté idéale.

Dutertre éprouvait pour cette jeune femme tous les transports de la passion, mais ce n'était pas l'unique cause de son attachement pour elle. C'était, avant tout, une estime profonde, un respect sans bornes, une tendresse inépuisable. Il l'aimait comme sa femme, peut-être encore plus que comme sa maîtresse. C'était une affection aussi complète, aussi vaste, aussi élevée que l'âme qui lui servait de sanctuaire.

Il la regarda se rendormir, plongé dans une extase respectueuse, car il y avait, dans sa passion, de ces moments d'idolâtrie où il se trouvait heureux de la contempler sans qu'elle y prît garde. Mais une douleur vague traversa tout à coup son rêve de bonheur ; si elle était malade ! pensa-t-il, si j'allais la perdre ! et une sueur froide glaça son front.

Pourquoi donc cette idée? se dit-il encore. Est-ce un pressentiment? Est-ce l'instinct de la misère humaine qui nous présente toujours le souvenir de la mort au sein des délices de la vie?

Il s'éloigna sans bruit, se souvenant qu'il avait laissé la porte du boudoir ouverte et qu'Amédée l'avait suivi jusque-là. En redescendant l'escalier de la tourelle, il fut frappé d'un autre souvenir qui se dessinait plus net, à mesure que son inquiétude se dissipait. Amédée n'avait point paru surpris du cri qu'ils avaient entendu. Il s'était efforcé de retenir son oncle, au lieu de partager son empressement à porter secours à Olympe. Cela était inexplicable.

— Mon ami, dit Dutertre en retenant son neveu dans le boudoir et en lui parlant à voix basse, bien qu'ils ne pussent être entendus de personne, il y a quelque chose d'extraordinaire dans le sommeil de ta tante. On ne crie pas ainsi sans faire un rêve affreux, et on n'a pas de tels rêves sans en garder le souvenir au réveil. Tu as eu l'air de savoir ce que cela signifiait, tout à l'heure. La pensée ne t'est pas venue comme à moi qu'un voleur entrait chez ma femme ou que le feu prenait à ses rideaux. Tu étais triste,

mais pas étonné le moins du monde. Il
Il y a là quelque chose d'incompréhensible. Il faut me le dire.

— Oui, il faut vous le dire, je le sens, répondit Amédée avec effort, mais, si je vous le dis, vous souffrirez beaucoup, et ma tante me fera des reproches qui me déchireront le cœur, la conscience, peut-être !

— Amédée, dit vivement Dutertre, il faut parler ! As-tu fait serment d'avoir un secret pour moi ? je t'en dégage. Je suis tout ici, le père, l'ami, le maître des cœurs et des consciences, parce que je suis l'esclave dévoué au bonheur de chacun de vous. Parle vite, je le veux!

Dutertre exerçait en effet sur une partie de sa famille un ascendant illimité. Cet homme, la douceur, la tendresse, la débonaireté mêmes, était né pour régner sur les âmes aimantes par la seule puissance de l'amour. Tout son secret pour l'inspirer était de le ressentir lui-même avec ardeur, et, dans les choses du cœur, il avait, avec les cœurs ardents comme le sien, une décision, une volonté, un magnétisme, si l'on peut dire ainsi, qui le rendaient aussi fort avec ceux-là qu'il était faible et même dupe vis-à-vis des cœurs glacés.

Amédée, formé du même sang, doué des mêmes instincts, reflet splendide et pur de cette âme d'élite, ne pouvait pas essayer de lui résister. Il parla, mais avec ménagement d'abord.

— Ma tante est malade, dit-il, je le crains. Ne l'avez-vous jamais craint vous-même? Sa pâleur est-elle naturelle?

— Oui, oui, je le crains, dit Dutertre; mais sa pâleur... je l'ai toujours vue ainsi !

— Oui, reprit le jeune homme, vos yeux y sont habitués. Il semble que ce soit une condition de son organisation, parce que c'est, dit-on, un des prestiges de sa beauté; mais c'est la preuve d'un refroidissement du sang qui n'est pas ordinaire à son âge, et qui, tôt ou tard, doit être le symptôme d'un dérangement dans l'équilibre physiologique. J'ai un peu étudié la médecine depuis un an, mon oncle. Je ne la sais pas, mais je la comprends, et je crois savoir mieux que les médecins de ce pays la situation de ma tante.

— Parle donc, tu me fais mourir. Qu'a-t-elle? Depuis quand est-elle malade? Pourquoi me le cache-t-on? Pourquoi m'en fait-elle mystère ? c'est donc grave ?

— Oui et non. Après mûr examen, les premiers médecins de Paris (car elle a consulté à votre insu à Paris, à son dernier voyage, il y a trois mois), les médecins de Paris lui ont déclaré dans une consultation écrite que j'ai entre les mains...

— Montre-la moi ! s'écria Dutertre.

— Je vous la montrerai, mais soyez certain que je ne vous trompe pas.

— Ils ont déclaré...

— Que ma tante n'avait aucune lésion organique ; qu'elle offrait l'apparence de la plus parfaite et de la plus saine, et même de la plus robuste constitution, mais qu'il existait chez elle une surexcitation nerveuse incompréhensible, et qu'il fallait y apporter promptement et fréquemment remède par l'emploi des calmants, des stupéfiants les plus énergiques.

— Quels sont donc ces symptômes nerveux ? Des cris ?

— Quelquefois un cri âpre et strident lui échappe au commencement de son sommeil. Ce cri, dont elle n'a pas conscience ou qu'elle ne veut pas avouer, m'a souvent fait tressaillir à l'heure où nous l'avons entendu ce soir. Et alors l'inquiétude me fait sortir de ce pavillon, qui est peut-être le seul endroit habité d'où on puisse l'entendre distinctement, et approcher de la tourelle. Toujours prêt à appeler, si quelque nouveau signe de souffrance me faisait craindre des accidents plus graves, je veille parfois des nuits entières, à portée de constater les progrès du mal dont seul j'ai arraché la confidence. Vous voyez, mon oncle, que ce n'est pas de la poésie que je fais au clair de la lune, mais une souffrance bien vive que j'éprouve et que je ne devais révéler qu'à vous.

— Pourquoi ce mystère, encore une fois?

— Cela, je ne vous le dirai pas, mon oncle, répondit Amédée avec sa fermeté accoutumée. Il s'agit pour moi de vous faire connaître le mal et non d'en rechercher la cause. Je pourrais me tromper!

— Eh bien! ce mal! dit Dutertre en proie à une vive anxiété.

— Il est quelquefois très grave. Les

cris échappés durant le sommeil ne sont qu'un résultat de la contrariété terrible que la malade s'impose durant le jour pour les retenir et cacher un indicible malaise, des tressaillements subits, des besoins poignants de pleurer et de sangloter. Ma tante est douée d'une volonté supérieure...

— Oui, je le sais. La volonté de tout souffrir sans se plaindre. Eh bien! elle voudrait crier, pleurer, n'est-ce pas? Elle se contient?

— Oui, mais elle se brise, et j'ai vu des crises qui m'ont brisé moi-même.

Des étouffements soudains, des suffocations effrayantes, les lèvres bleues, les yeux sans regard, les mains glacées, roidies comme par la mort. J'ai cru dix fois qu'elle allait expirer sous mes yeux.

— Et le remède, le secours, le salut? quels sont-ils? dit Dutertre s'armant d'une attention de sangfroid au-dessus de ses forces et ne sentant pas les larmes qui baignaient ses joues.

— Le remède est sûr, mais terrible. Ce sont ces antispasmodiques dont je vous ai parlé, l'opium sous plusieurs formes. Ils font cesser les crises et même ils en retardent le retour. Mais ils n'en détruisent pas la cause, et même ils leur préparent la victoire, en affaiblissant d'autant plus l'individu. Vous avez remarqué des langueurs, des distractions que vous preniez pour des rêveries douces ou pour des préoccupations sans gravité : ce sont des accablements, des lacunes, pour ainsi dire, dans l'existence physique et morale.

« Ma tante se plaint et s'effraie de ces remèdes funestes. Elle s'en abstient le plus possible quand elle espère cacher le mal qu'ils combattent ; mais, depuis que vous êtes de retour, malgré mes supplications, elle prend de l'opium tous les jours, tant elle craint de vous effrayer par un de ces accidents imprévus, et je vois qu'une de mes prévisions se réalise. Elle a crié cette nuit. L'opium arrive à perdre sa vertu. Vous savez que les remèdes les plus énergiques se neutralisent en s'assimilant à notre économie. Si elle continue, elle va être forcée d'augmenter les doses, et c'est la mort lente qu'elle fait passer ainsi dans ses veines, vous ne l'ignorez pas.

— Elle est donc perdue, mon Dieu! s'écria Dutertre en se levant et en retombant comme foudroyé sur son siége.

— Non, mon cher oncle. Elle est jeune et forte ; elle a la volonté de vivre, car elle vous aime comme on aime Dieu. Elle ne mourra pas : Dieu ne le permettra pas !...

Et Amédée, à bout de ses propres forces, fondit en larmes à son tour.

V

V

Thierray, après avoir bien rêvé à Eveline et à madame Hélyette, un peu à madame Dutertre et pas du tout à Nathalie ni à Caroline, s'éveilla assez tard dans la matinée. Gervais entra, alluma le feu que le temps pluvieux rendait agréable, sinon nécessaire, et remit en silence une lettre à Thierray. Elle était de Flavien de Saulges et ainsi conçue :

« Adieu ! mon cher Thierray, pardonne-moi de te quitter brusquement. Je reviendrai peut-être dans quelques jours. Je ne reviendrai peut-être pas du tout. Dispose du manoir de Mont-Revêche, où, Dieu merci, tu te plais, et où il m'est impossible de passer une nuit de plus. Suppose tout ce que tu voudras, que je suis fou, que je suis niais, que j'ai peur des revenants, que j'ai vu madame Hélyette. Quand je serai à Paris, quand j'aurai passé trois jours dans le monde de la réalité, les chimères qui m'assiègent seront dissipées, je n'en doute pas, et je t'écrirai, sans mauvaise honte, le secret de ma fuite. Je viens d'écrire à Puy-Verdon pour expliquer ce départ précipité : je donne pour prétexte une lettre d'affaires que j'ai trouvée ici hier soir en rentrant, Dis comme moi, cela snffit. Présente mes regrets, mes excuses, mes amitiés, mes respects, et n'oublie pas ce que je t'ai dit en dernier lieu. Epouse Eveline.

« Ton ami, Flavien.

Thierray relut deux fois cette lettre, se

leva, s'informa. Flavien était parti avant le jour avec le nouveau domestique qu'il avait retenu la veille, et qui était arrivé de grand matin avec un beau cheval et un tilbury achetés de la veille aussi. Le domestique rentra avec l'équipage au moment où Thierray prenait ces renseignements, et lui remit un second billet de Flavien :

« Je monte en diligence. Je renvoie à Mont-Revêche l'homme, la bête et la voiture dont j'ai fait acquisition hier. Je suis content de *ces trois choses* ; je te prie de les héberger *chez nous,* en mon absence, et de t'en servir le plus possible, pour que *tout cela* ne soit pas rouillé quand je retournerai près de toi. Les arrangements sont faits, tu n'as rien à débourser, car *tout cela* m'appartient avec ta permission. Tu sais que le cheval est bon à monter. A toi de cœur ! »

— C'est une manière honnête de me fournir un équipage sans qu'il m'en coûte rien, pensa Thierray, car il ne reviendra pas ! On ne part pas ainsi sans une cause grave ! Si nous n'étions en plein midi, heure à laquelle je ne crois pas du tout aux revenants, je me persuaderais qu'en effet madame Hélyette lui montré son plus affreux visage. J'y penserai la nuit prochaine, et peut-être réussirai-je à la voir aussi. En attendant, je pense que Flavien a lancé à l'austère Nathalie une déclaration qui a été prise en mauvaise part; ou qu'il pense encore à Léonice plus qu'il ne voulait l'avouer; enfin que la vie d'ermite ne saurait lui convenir plus de huit jours.

Ah çà! je vais m'ennuyer ici, moi! pensa encore Thierray en faisant d'un œil inquiet le tour de sa résidence. Je commençais à aimer Flavien... oui, je l'aimais réellement depuis hier soir. L'excellent cœur, le généreux caractère! J'aurais parlé avec lui de ma nouvelle passion... Mais cette passion est-elle assez forte pour que je m'en entretienne tout seul, le soir, en rentrant dans *mon* château ? Allons, c'est ce qu'il faut voir !

Et Thierray ayant déjeuné à la hâte, monta le beau et bon cheval que Flavien lui laissait, et reprit le chemin du Puy-Verdon, où l'on devait, ce jour-là, voir une *surprise* annoncée la veille par Dutertre.

Sur une des collines qui protégeaient à l'est et au nord le parc et les magnifiques jardins de Puy-Verdon, bouillonnait une source abondante, laquelle prenaît son cours sur le versant opposé et allait rejoindre une petite rivière à une demi-lieue de distance, sans sortir des propriétés de Dutertre. Du côté du jardin, la colline était assez escarpée et avait pour base des rochers d'un bel effet qui formaient en cet endroit la limite naturelle de l'enclos privilégié. Du côté par où s'épanchait la source, la pente l'entraînait en un sens contraire à cet enclos, qui ne manquait pas d'eaux vives ; mais Olympe avait souvent exprimé le regret qu'une de ces belles chutes d'eau qu'elle rencontrait dans les bois d'alentour ne réjouît pas la vue et l'ouïe plus près de sa demeure ; elle avait dit cela sans songer que ce regret serait tôt ou tard un ordre pour son mari. Dutertre avait donc résolu de mettre une cascade sous les yeux de son idole, et il avait communiqué son projet à Amédée, qui s'était fait fort de l'exécuter durant son absence.

En conséquence, un nouveau lit avait été creusé à la source, sur le versant opposé à celui qu'elle s'était naturellement choisi; les dames de Puy-Verdon avaient vu ces travaux préparatoires sans en savoir le but; on avait parlé d'un chemin creux, puis d'une saignée pour arroser des prairies altérées sur un autre point;

enfin, un bassin, avec ses issues nécessaires avait été établi au bas des rochers sous prétexte de citerne pour l'arrosage, et depuis huit jours qu'on était en promenades lointaines ou en chasse, Amédée avait pu faire déblayer les derniers obstacles et laisser les eaux de la source s'amasser en réservoir provisoire, sans éveiller l'attention de sa tante et de ses cousines.

L'espèce de torpeur où madame Dutertre paraissait souvent plongée, les distractions que Thierray et Flavien causaient à Nathalie et à Eveline avaient favorisé le secret des derniers travaux, masqués d'ailleurs par la végétation de la colline. Benjamine seule, attentive et pénétrante dans les choses de fait, avait tout observé, tout découvert ; mais elle se gardait bien de vouloir ôter à sa *petite mère* le plaisir d'être surprise, et à son père le plaisir de la surprendre. Elle fut donc muette comme une tombe, et ne songea même pas, plus tard, à s'en vanter, tant ce caractère d'enfant avait de solidité et de sûreté relative sous ses dehors irréfléchis et enjoués.

On partait pour le point de vue choisi par Dutertre pour son effet, lorsque Thierray arriva. Le point de vue était une éminence sur la pelouse, et, par une malice toute paternelle, Dutertre fit asseoir sa famille et ses hôtes le dos tourné à la colline. Il leur montrait l'horizon opposé et les exhortait à attendre de ce côté le phénomène extraordinaire qu'il leur avait promis.

Si cette surprise eût abouti vingt-quatre heures plus tôt, le brave Dutertre, dont le naturel, à la fois sérieux et enjoué, avait beaucoup de rapport avec celui de sa Benjamine, eût pris un triple plaisir, un plaisir d'enfant, un plaisir d'amant et un plaisir de père à cette petite fête. Mais son âme était brisée, et il faisait des efforts puissants pour cacher à sa femme et à ses filles l'inquiétude qui le rongeait. Il avait promis à son neveu qu'il ne paraîtrait pas s'apercevoir de l'état d'Olympe ; il avait vite compris qu'il l'aggraverait en lui ôtant la consolation qu'elle goûtait à le lui cacher. Il était résolu à la soigner à son insu, à feindre de découvrir peu à peu qu'elle était souffrante, et à ne jamais lui montrer qu'il s'en effrayait sérieusement. Mais il était pâle, et sa voix, toujours si pleine et si fraîche, était sensiblement altérée. Thierray s'en aperçut. Dutertre parla légèrement d'un rhume et d'une migraine. Il affectait une gaîté expansive ; mais ses yeux ne pouvaient se détacher d'Olympe, et à chaque mouvement qu'elle faisait, il tressaillait malgré lui, comme s'il se fût attendu à la voir tomber morte dans tout l'éclat de sa beauté, dans tout le calme de sa force.

Le temps s'était élevé, et un rayon de soleil se montra enfin, comme pour récompenser Dutertre de ses efforts. On entendait bien la pioche et la bêche résonner sur la colline, mais on y était habitué et on n'y faisait plus attention. Tout à coup, Amédée, qui avait disparu et qui se tenait auprès des ouvriers, fit entendre le signal convenu : un coup de sifflet. Dutertre répondit par un signal semblable, qui signifiait que tout le

monde était à son poste, et il permit que
l'on se retournât, mais en prenant le bras
de sa femme, qu'il pressa contre sa poitrine, prêt à la rassurer, si l'inattendu de
la scène lui causait quelque légère angoisse de surprise ou d'inquiétude. On
entendait alors un mugissement sourd
comme celui du vent qui s'élève, puis ce
fut comme un tonnerre lointain, et enfin
la masse d'eau contenue dans le réservoir, dont on venait d'enlever précipitamment la dernière digue, s'élança à
travers les arbres et fit sa première chute,
bruyante, fangeuse et quelque peu terrible, dans la cannelure naturelle du rocher, où l'on avait dirigé sa course. Au

premier moment, cette cataracte eut assez d'impétuosité pour entraîner quelques roches et quelques jeunes arbres qui se trouvaient trop près de ses rives, subitement élargies, et l'espèce de *hourra* triomphant et joyeux que poussèrent les cinquante ouvriers, ajouta au fracas de l'irruption. Mais bientôt les eaux s'éclaircirent, se rangèrent dans leur nouveau lit et tombèrent en nappe d'argent sur les flancs lavés du rocher, pour s'enfuir en ruisseau joyeux et rapide à travers les arbres du parc et aller rejoindre leur ancien cours.

Tous les habitants du voisinage étaient

accourus à l'entrée du parc pour voir cette chose merveilleuse ; tous les bergers épars dans la campagne s'étaient massés sur les hauteurs environnantes, et cette scène pittoresque eut ses spectateurs et ses applaudissements.

Dutertre avait observé attentivement sa femme ; il tenait sa main, il interrogeait son pouls sans paraître y songer. Si la surprise, la peur ou le plaisir lui font du mal, pensait-il, c'est une maladie toute physique. Et il s'effrayait moins de cette pensée que de la crainte d'une cause morale. Olympe ne tressaillit ni ne trembla. Elle n'était pas plus poltronne, pas plus petite maîtresse que par le passé. Loin de là; elle aimait le bruit et l'émotion d'un mouvement imprévu. Ses joues s'animèrent un peu, ses yeux brillèrent, et elle se sentit agile pour courir admirer de près la cascade, dès qu'il fut possible de le faire sans danger d'être atteinte par la chute de quelque pierre ou de quelque branche.

— Que cela est charmant, quelle heureuse idée! disait-elle à son mari, qui ne la quittait point.

— C'est une idée à toi, répondit-il : ne disais-tu pas, l'année dernière, qu'il ne manquait que cela ici ?

— Comment! c'est parce que j'ai dit cela ? c'est pour moi ?

— Et pour qui donc, je te prie ?

— Ah! tais-toi, ami! dit vivement Olympe, ou dis-moi cela plus bas!

L'émotion d'Olympe, le mouvement brusque avec lequel elle se retourna pour voir si les paroles de son mari n'avaient été entendues que d'elle seule, et l'espèce d'étouffement dissimulé par une toux affectée, furent si sensibles pour Dutertre, qu'une partie de la vérité lui fut révélée.

Cent fois sa femme lui avait dit en souriant : — Prends garde de me trop aimer devant tes filles ; tout le monde t'adore ici, et c'est trop juste, l'affection est jalouse. Il ne faut pas que nos chers enfants croient que tu préfères l'une de nous à aucune des autres. — Dutertre s'était habitué à l'idée de cette innocente et tendre jalousie ; il s'était habitué aussi à la respecter, à la ménager ; il croyait y être parvenu. Il s'imaginait adorer sa femme en cachette, et ce chaste mystère avait été jusqu'alors un charme de plus dans son amour. Confiant de sa nature, incapable de supposer le mal, optimiste par instinct, parce qu'il portait constamment en lui le désir et la volonté du bonheur des autres, il ne s'était jamais alarmé sérieusement des conséquences domestiques de son second mariage. Il avait cru longtemps à la bonté de ses trois filles. Peu à peu il avait vu se développer le caractère hautain et dur de l'aînée, l'indépendance fougueuse de la seconde; il avait deviné que son bonheur, à lui, deviendrait facilement un motif d'aigreur ou un prétexte de révolte. Depuis huit jours surtout, il croyait voir et toucher du doigt ces plaies secrètes dont il n'appréciait pourtant pas encore la profondeur. Mais Olympe l'avait toujours rassuré. Niant toutes ses souffrances, toutes ses humiliations, tous ses déboires, palliant les torts d'autrui, réparant ou cachant le mal avec une persévérance et une délicatesse inouïes, elle avait réussi à rendormir son mari dans la douce quiétude dont il éprouvait le besoin. Elle espérait lui cacher toujours les sourdes angoisses de cet intérieur troublé. Depuis deux ans qu'il avait accepté la députation, il faisait d'assez longues absences pour que cette difficile entreprise n'eût pas encore échoué, et quoique Olympe n'aimât pas le monde, elle accueillait volontiers l'entourage nombreux qui, au retour de son mari, empêchait celui-ci de voir l'abîme creusé sous la pierre même de son foyer.

Cette fois, enfin, il le pressentit, et, se retournant par le même mouvement instinctif que sa femme, il vit les yeux noirs et profonds de Nathalie attachés sur elle avec une singulière expression d'ironie et de dédain. Nathalie haïssait Olympe désormais de toute la force de l'orgueil blessé. Elle avait essayé de plaire à Flavien à sa manière. Flavien ne s'en était pas aperçu ; il n'avait vu qu'Olympe, et Nathalie avait juré de se venger, fallût-il traverser le cœur de son père pour arriver à celui de sa rivale.

Quelques instants après, pendant que la famille se mêlait aux ouvriers, et qu'on arrosait de vin et d'argent la pioche et la bêche enrubannées présentées par eux aux dames du château, Dutertre prit le bras d'Amédée et l'emmena à quelque distance, comme pour voir le nouveau cours du ruisseau.

— La cause! la cause! s'écria cet homme généreux et passionné, qui ne pouvait étouffer sa douleur. Tu ne m'as pas dit la cause! Il me la faut, tu la sais! Et moi aussi je la sais, je crois la savoir, mais il serait affreux, il serait terrible de se tromper! Parle, enfant, parle, toi dont la bouche n'a jamais menti. C'est une cause morale. Le chagrin seul peut produire ce mal étrange, ce combat entre le corps et l'âme, entre la mort et la vie. Ma femme est malheureuse, ma femme est rongée par un affreux chagrin ! Son âme, droite et ardente comme la mienne, comme la nôtre, Amédée, ne peut soutenir une lutte incessante contre l'amertume et l'injustice. Ma femme a besoin d'aimer et d'être aimée. Ma femme est méconnue et haïe.

Malgré le trouble d'Amédée, malgré son propre besoin d'épanchement, malgré l'ascendant que son oncle exerçait sur lui, il refusa de répondre, et, se sentant incapable de mentir, il se renferma dans un silence impénétrable. Dutertre fut forcé d'admirer cette réserve et de la respecter.

— Oui, tu as raison, dit-il, je ne suis pas un homme, je ne suis pas un père de famille : je suis un malheureux sans courage et sans patience. Je tente la vertu, j'essaie de te faire manquer à tes devoirs. Oui, tais-toi ! je verrai par mes propres yeux, je sonderai la plaie, je la guérirai... ou je briserai les mains impies qui l'ont faite !

—Mon oncle ! mon oncle ! s'écria Amédée, effrayé de la passion qui se révélait chez Dutertre, si vous soupçonnez vos filles... Souvenez-vous que vous leur devez plus qu'à vous-même!

— Oui, plus qu'à moi-même, dit Dutertre, mais non pas plus qu'à cet ange de douceur et de bonté.

— Pardonnez-moi, mon oncle, reprit Amédée avec énergie, vous leur devez davantage. C'est l'âme plus que le corps qu'il faut sauver en ce monde. Olympe est en paix avec Dieu. Sa conscience ne faillira pas à ses devoirs. Si elle meurt, c'est nous qui serons à plaindre, et non pas cette intelligence divine qui retournera vers les cieux; mais il nous restera des devoirs à remplir sur la terre, et, si votre tendresse se retire de vos fillse, elles seront perdues pour le monde d'ici-bas comme pour le monde de là-haut.

Dutertre serra convulsivement la main de son neveu.

— Oui, dit-il, tu as raison, je suis un homme faible, et je reçois d'un enfant une leçon profonde et terrible. Eh bien! je l'accepte. Dieu est dans l'âme des enfants purs et parle par leur bouche. Oui, je me sacrifierai, et le devoir gouvernera la passion, même la plus sainte et la plus sacrée qu'il y ait au monde. Si on tue dans mes bras l'objet de mon culte, je l'ensevelirai dans mon cœur sous mes propres ruines, mais je cacherai le crime et ne le punirai pas.

En proie à une violente exaltation, Dutertre s'éloigna, erra seul quelques instants au fond du parc et revint calme et maître de lui-même.

Cependant Thierray poursuivait son expérience fièvreuse auprès d'Eveline. On sait qu'il s'agissait pour lui, ce jour-là, de savoir si elle le charmait assez pour qu'il pût vivre le soir avec sa pensée dans la solitude de Mont-Revêche. Thierray vivait encore par l'imagination au jour le jour. Certes il n'avait pu braver impunément, depuis une semaine, le feu des coquetteries d'une fille charmante, bizarre, audacieuse, spirituelle et chaste, en dépit de la liberté parfois choquante de ses allures d'esprit et de conduite. Mais Thierray avait toujours eu l'ambition d'aimer, et la fantasque Eveline n'éprouvant pas encore ce besoin, ne cherchait qu'à l'éblouir. Il lui savait gré, à coup sûr, de toute la peine qu'elle se donnait pour cela, car il était trop expérimenté pour se piquer ou s'alarmer de ces brusqueries affectées et des transitions impertinentes au moyen desquelles elle soufflait le froid et le chaud sur ses espérances. La pauvre enfant était une coquette bien naïve auprès de celles que Thierray avait connues dans un certain monde, et l'impuissance de ses efforts pour ressembler à une âme dépravée était, à son insu, le plus grand, le seul véritable attrait qu'elle eût aux yeux de sa prétendue victime.

Mais tout cela, après avoir été charmant pendant une heure ou deux, devenait une fatigue pour un homme très fin, blasé sur bien des choses, et avide seulement d'amour vrai et rassurant. Thierray avait probablement rencontré cet amour vrai, et peut-être plus d'une fois dans sa vie ; mais il n'avait pas su l'apprécier, ou plutôt il ne s'était pas soucié alors d'un bonheur sérieux et tranquille. Son imagination, son ambition, l'inquiétude et la curiosité de sa jeunesse, avaient eu d'autres besoins, de faux besoins à satisfaire ; mais il se faisait tard dans cette existence isolée et difficile. Thierray sentait son cœur s'impatienter d'être négligé trop longtemps par son propre esprit. L'esprit, c'était toujours la même chose. Le cœur promettait et demandait à la fois quelque chose d'inconnu et de réconfortant.

Si bien qu'Eveline l'ennuya tout à coup, et que pour se soustraire à ces incessantes taquineries, il lui fit deux ou trois réponses assez mordantes, quasi brutales.

Dutertre les entendit, lui qui, peut-être trop préoccupé par son amour pour Olympe, ou trop porté à l'extrême indulgence dans ses relations domestiques, n'avait pas coutume de surveiller l'attitude de ses filles avec rigidité. Il se sentait disposé, ce jour-là, à tout voir, à tout peser, à tout juger, non plus à travers le prisme de ses douces illusions paternelles, mais à travers la notion plus lucide et moins riante de ses devoirs.

Il écouta sans paraître écouter ; il regarda sans paraître regarder. Il entendit Eveline redoubler de hardiesse dans ses attaques insensées ; il la vit suivre et guetter Thierray comme une proie qui lui résistait du bec et de l'ongle. Il en fut affligé et humilié, et au moment où Eveline montait à sa chambre pour faire l'éblouissante toilette quotidienne du dîner, il lui prit le bras et la suivit, résolu d'avoir avec elle une sérieuse explication pour la première fois de sa vie.

VI

VI

Il est des situations fatales où, longtemps arrêté sans méfiance au bord d'un
précipice, on met enfin le pied sur un
sable fin qui semblait n'attendre que
l'occasion de s'écrouler et de vous entrai-

ner dans sa chute ; des jours malheureux où, en croyant tout réparer, tout étayer autour de soi, on fait tout écrouler sur sa tête. Dutertre était dans un de ces jours néfastes et sur une de ces pentes irrésistibles ; au premier effort qu'il allait tenter pour tout sauver, il allait tout voir se dissoudre autour de lui.

Eveline, étonnée de l'air solennel de son père, et préoccupée des impertinences froides de Thierray (elle n'avait pas eu le *dernier*, comme on dit aux petits jeux), se sentit saisie de méfiance et d'humeur dès la première parole.

— Ce que me disait M. Thierray ? répondit-elle : à quoi cela avait rapport ? Vraiment, je n'en sais plus rien déjà, cher père, et je ne conçois pas que cela vous occupe.

— Pardonne-moi, ma fille, reprit Dutertre, il est fort naturel que je m'occupe du soin de ta dignité, et il m'a semblé que M. Thierray n'en tenait pas assez de compte.

— C'est possible, père ; ce bel esprit a trop d'esprit ; et il en abuse. Mais je ne m'en inquiète guères, et je sais le remettre à sa place.

—Eveline, mon enfant, ces paroles

que tu dis blessent un peu mon oreille.

— Ah ! fit Eveline avec une légère teinte d'impertinence et en commençant à détacher ses magnifiques cheveux blonds devant son miroir ; car dans son dépit, elle n'oubliait pas qu'elle n'avait qu'une heure pour les recherches accoutumées de sa parure.

— Oui, ma fille, écoutez-moi, dit Dutertre un peu sévère, relevez vos cheveux et asseyez-vous près de moi. C'est votre ami le plus sérieux, c'est votre père qui vous parle.

— Ah! mon Dieu! c'est un sermon! dit Eveline avec une humeur marquée. Mon cher petit père va me gronder comme une morveuse! Qu'ai-je donc fait pour changer ainsi son charmant caractère, et que se passe-t-il aujourd'hui entre nous?

Et, passant de l'impatience à la câlinerie avec sa mobilité et sa souplesse accoutumées, Eveline embrassa et caressa son père, autant pour le désarmer que pour se débarrasser d'une explication embarrassante.

Dutertre accueillit ses chatteries avec

sa bonté ordinaire, mais sans enjouement.

— Ma bonne Eveline, dit-il, je n'aime pas plus à faire des remontrances que tu n'aimes à les entendre. Je ne t'en ai pas accablée jusqu'à cette heure.

— C'est à cause de cela que je ne comprends rien à celle-ci, reprit Eveline, croyant avoir repris le dessus. Ayant été fort gâtée peut-être, jamais blâmée et pas du tout surveillée, je m'étais arrogé le droit de me croire parfaite, et voilà que vous voulez me déranger dans mes illusions sur moi-même! Voyons, papa, c'est cruel. Je suis habituée à vos épigrammes, car vous êtes fort taquin, aussi, vous! Mais je les prends en bonne part, au lieu que vos remontrances... Vraiment je ne sais pas de quelle couleur elles peuvent être, et j'ai peur de n'y rien comprendre du tout.

— Eveline, voilà bien des paroles pour ne pas m'écouter. Ecouter serait pourtant le seul moyen de comprendre, et je ne parlerai pas de choses bien mystérieuses. Tu es trop libre et trop irréfléchie, ma fille, je te l'ai dit mille fois en riant, je te le dis pour la première fois avec tristesse.

— Comment! mon père, vous voilà triste parce que je suis gaie? Je crois rêver! Quel malheur va donc m'atteindre? quelle menace pèse donc sur moi? Je croyais que mon bonheur vous rendait heureux; j'étais habitué à voir toutes mes folies vous plaire, tous mes enfantillages vous réjouir, et vous voilà avec un front rembruni et un œil presque dur! Est-ce ma faute, à moi, si M. Thierray est un fat, et puis-je l'empêcher de me dire des impertinences de mauvais goût?

— Ma chère Eveline; si Thierray était un fat et un impertinent de mauvais goût, je serais fort coupable de l'avoir introduit dans ma famille, je ne me le pardonnerais pas, croyez-le bien : mais comme je le connais, au contraire, pour un homme d'esprit, de jugement et de très bonne compagnie, je dois croire que vous le faites manquer à ses instincts et à ses habitudes par des provocations très innocentes, je le sais, mais parfois hors de sens et de mesure. J'ai entendu tout à l'heure, sans le vouloir, sans y songer, des fragments de dialogue entre vous, qui m'ont fait monter le rouge au visage, non pas qu'ils manquassent de décence dans les idées ou dans les expressions, mais parce qu'ils accusaient en vous une volonté insensée de vous emparer du cœur de ce jeune homme, tandis qu'il affectait de vous montrer que son cœur était fort capable de vous résister. C'est là une situation humiliante pour une femme, et j'aurais cru que vous aviez plus de fierté.

— Ainsi je manque de fierté? dit Eveline pourpre de colère et de honte. Je m'abaisse à faire la cour à un homme qui ne veut pas de moi? Je rampe à ses pieds, je l'implore, je le provoque? Voilà ce que je fais, ou du moins ce que mon père pense de ma conduite?

Et la jeune fille orgueilleuse et violente

fondit en larmes, retira brusquement sa main de celle de son père, et marcha dans la chambre avec agitation.

— Je suis fâché de vous trouver plus irritée que reconnaissante envers moi, dit Dutertre; croyez pourtant qu'il m'en coûte beaucoup de vous blesser ainsi, et que le calme où vous me voyez me fait plus de mal que l'exaltation où vous êtes.

— Mon père, s'écria Eveline en accourant à lui et en l'embrassant, ne me traitez pas de la sorte! Si vous vous mettiez à me gronder, j'en deviendrais folle; si vous vous mettiez à me haïr, j'en mourrais. Je vous le dis encore, je ne suis pas habituée à votre courroux, à votre froideur envers moi. Je suis un enfant gâté, un enfant qui ne sait pas souffrir, ne me tuez pas!

Et l'étrange fille, en proie à une véritable douleur, mais sans repentir aucun, pleurait avec véhémence et se regardait comme une victime.

Dutertre, touché de tant de sensibilité, mais surpris et effrayé de découvrir si peu de conscience dans ce caractère incomplet, tâcha de s'y prendre par un raisonnement des plus simples et pour ainsi dire terre-à-terre.

— Ecoute, folle enfant, lui dit-il, je ne te gronde pas, je ne veux pas t'humilier, je veux t'éclairer et te préserver justement de l'humiliation dont l'idée t'est si pénible. Parle-moi franchement : aimes-tu ce jeune homme ?

— Moi ? pas du tout, Dieu merci ! s'écria Eveline, furieuse contre Thierray pour lui avoir attiré cette scène.

— Eh bien, tant pis ! répondit Dutertre ; car il a du mérite, un nom honorable dans les arts, du talent, une grande délicatesse de sentiments et une véritable élévation d'idées et de caractère.

— Vous croyez? dit Eveline, à qui cet éloge de Thierray ne déplut pas. Je ne sais pas tout cela, moi, je ne l'ai pas examiné à ce point.

— Mais moi, reprit Dutertre, je devais l'examiner, et je l'ai fait. Je devais prendre sur lui des informations minutieuses et sûres; enfin, avant de l'introduire chez moi, je devais m'assurer que c'était un homme d'honneur, que personne au monde n'avait le droit de faire rougir.

C'est là le premier point, le point essentiel dans la société. Quant aux détails, je ne me crois point infaillible dans l'observation, et je ne crois pas non plus que Thierray soit sans défauts ; mais comme je n'ai jamais pensé qu'il existât sur la terre un seul homme à l'abri de tout travers et de toute imperfection, j'ai jugé que, dans le cas où le spectacle de notre heureuse famille le ferait penser au mariage, et dans le cas où une de mes filles apprécierait ses qualités, Thierray serait un des hommes avec lesquels on a d'aussi bonnes chances que possible pour un avenir à deux.

—Ainsi, mon père, dit Eveline, c'est un

prétendant que vous nous avez amené là?

— Non, ma fille ; c'est vous qui en avez fait un prétendant peut-être, par l'attention que vous lui avez accordée ; moi, je l'ignore. Je ne choisis pas pour vous ; je n'ai jamais formé, je ne formerai jamais de projet qui pourrait blesser vos inclinations et vous enlever votre initiative. Dans cette société, très difficile à traverser, parce qu'elle est à la fois très exigeante et très corrompue, j'ai cherché à vous ouvrir une voie aussi douce et aussi sûre que possible, en vous laissant, à toutes trois, sur le point capital

du mariage, une grande liberté de choix.
Mais ce respect de vos droits les plus délicats, cette confiance dans votre jugement, ne devaient pas me rendre aveugle et téméraire. Je ne devais pas vous lancer sans réflexion dans un monde plein de hasards et de dangers, parce qu'il est plein de vices fardés et d'apparences menteuses. Je devais faire ce que j'ai fait : vous tenir dans une retraite agréable, où je ne laisserais pénétrer que des hommes sûrs, incapables de vous tromper, de vous rechercher lâchement pour vos richesses, et où vous seriez libres de choisir, non pas dans une foule d'aspirants, mais parmi un petit nombre

aussi bien épuré qu'il m'était possible de le faire. Là s'est borné mon rôle; et je ne sais pas ce que, dans ma situation vis-à-vis de vous, j'eusse pu faire de plus pour concilier la tendresse avec la prudence, mon besoin de vous voir heureuses avec mon devoir de vous faire respecter.

— Je comprends tout cela, mon père, dit Eveline, qui avait écouté avec assez d'attention, et je suis fâchée que vous ne m'ayez pas jugée plus tôt assez raisonnable pour l'entendre. Je vous confesse que nous avons eu parfois du dépit, Nathalie et moi, de nous voir ainsi reléguées à la campagne et de n'aller à Paris qu'à de rares et courtes occasions, comme de petites filles de province qui vont embrasser leur papa, acheter des robes neuves et voir la girafe au Jardin-des-Plantes. Mais nous avions tort, je le reconnais, puisque nous n'étions pas les victimes oubliées de vos préoccupations industrielles et politiques, mais bien les victimes privilégiées de votre sollicitude et de votre prudence paternelles.

— Tu ne t'en crois pas moins une victime, ma chère enfant, car tu maintiens le mot.

— Passons, mon papa. L'année est

longue, il y a des jours de pluie où l'on s'ennuie à la campagne malgré qu'on en ait; et puis, on ne croit pas toujours, pour se résigner, à ces dangers du monde qu'on ne connaît pas. Mais revenons à votre M. Thierray. Nous sommes libres de faire attention à lui si bon nous semble; voilà votre conclusion, quant à lui. Mais, quant à moi, je comprends moins qu'auparavant la leçon un peu dure que vous m'avez donnée. Si je suis libre de l'aimer, je suis libre de vouloir m'en faire aimer, et la manière dont je m'y prendrai, bonne ou mauvaise, hardie ou timide, savante ou maladroite, ne regarde que moi.

— Et je serai indiscret et déplacé, moi, ton père, si je te dis que tu prends la mauvaise voie et que tu compromets ton bonheur futur par un système faux et fâcheux ?

— Pemettez, papa, dit Eveline redevenue folâtre et railleuse, vous avez tous les droits possibles comme excellent père, et, de plus, vous êtes compétent comme homme à succès dans le monde, mais...

— Qu'est-ce que cela, Eveline ? dit Dutertre étonné et mécontent ; quelle est la portée de semblables expressions dans votre bouche, et quand c'est à votre père qu'elles s'adressent? Que savez-vous de ma vie dans le monde? et qui vous a appris ce que peut être l'animal ridicule désigné par vous sous le titre d'*homme à succès?*

— Mon Dieu! papa, si vous vous fâchez pour un mot, il ne faut plus que je vous réponde. Voyons! c'est donc une impertinence que j'ai dans l'esprit, quand je me représente mon père tel qu'il est, c'est-à-dire un homme de quarante-deux ans, qui n'a pas un cheveu blanc, pas une ride au front, pas une dent de moins; la santé, la force de la première jeunesse, une beauté idéale, une âme enthousiaste, des manières charmantes : enfin un type si parfait, si attrayant, qu'il fait tort à tous les adorateurs de ses filles?

— Je crois, Dieu me pardonne, dit Dutertre avec un sourire triste, que tu es coquette, c'est-à-dire flagorneuse et moqueuse, même avec ton père !

— Allons ! allons, papa, ne le prenez pas ainsi. Quand ma bonne Grondette parle de vous, elle dit que lors de votre premier mariage, vous étiez le plus charmant, le plus aimable enfant qu'elle eût rencontré, et qu'à présent, vous êtes encore le plus beau et le plus brave homme qu'elle ait jamais connu ; et Grondette a raison : notre jeune mère, la plus belle et la plus jolie femme de France peut-être, n'est-elle pas d'ailleurs là pour attester à tous les yeux que vous êtes plus capable d'inspirer l'amour que pas un des freluquets sur lesquels vous nous permettez de faire main-basse ? Donc, je maintiens que vous êtes un homme à succès.

— Encore ? dit Dutertre, haussant les épaules : il se sentait presque offensé de ces adulations hypocrites, où perçait je ne sais quel esprit de critique, et partant de révolte.

— Oui, dit Eveline toujours audacieuse, vous connaissez encore l'amour, vous l'éprouvez, vous l'inspirez, parce que vous êtes jeune et beau, et vous paraissez aussi compétent que possible pour nous donner une théorie sur l'art de se faire aimer. Mais, quelque versé que vous soyez dans cet art, laissez-moi vous dire qu'il n'y a pas de système applicable à tout le monde, et que chacun doit trouver celui qui lui est propre. Laissez-moi chercher ou expérimenter le mien sur Thierray, *in animâ vili;* que vous importe?

— *In animâ vili?* C'est Nathalie qui t'apprend ce latin-là ? Voilà bien du mépris pour ce pauvre Thierray, et il ne mérite certes pas d'être traité comme l'esclave sur qui on essaie l'effet de certains poisons. S'il en est ainsi, ma fille, comme je ne suis pas chargé de vous fournir de pareils sujets, et que Thierray, peu habitué à remplir un pareil office, pourrait bien oublier son savoir-vivre, et s'échapper malgré lui jusqu'à vous donner quelque dure leçon dont je ne pourrais être le témoin impartial, je vais le congédier doucement sous quelque prétexte, ou plutôt vous envoyer fair eun petit voyage de santé chez une de vos tantes, jusqu'à ce que votre victime se soit éloignée d'elle-même.

Et Dutertre se leva, craignant sa faiblesse, et voulant laisser Eveline sur cette petite anxiété.

Mais Eveline le retint, et, recommençant ses pleurs, elle se plaignit, sans suite et sans raison, d'être humiliée, traitée comme une enfant, menacée d'une pénitence et déshéritée de la douce indulgence, par conséquent de la tendresse de son père. L'heure s'écoulait. Eveline n'était pas habillée, ses beaux cheveux tombaient en désordre sur ses épaules, ses yeux étaient gonflés, ses joues enflammées par les larmes ; elle sentait que la cloche du dîner allait sonner, et l'humiliation de paraître abattue et comme vaincue devant Thierray, la crainte qu'il ne devinât ce qui s'était passé l'exaspéraient tellement qu'elle eut presque une attaque de nerfs.

Au bruit de ses sanglots, Nathalie, qui, de la chambre voisine, écoutait cette scène depuis le commencement, entra comme surprise et effrayée, et affecta de prodiguer à sa sœur des soins qui n'étaient pas indispensables, et qui, certes, eussent été moins empressés en toute autre circonstance.

La présence de Nathalie, devant qui

elle était doublement humiliée, rendit cependant à Eveline toute sa fierté d'emprunt. Bonne, mais irascible, aimante, mais déraisonnable, Eveline chercha un appui dans cet inévitable témoin de sa honte enfantine.

— Oui, répondit-elle aux hypocrites questions de la muse de Puy-Verdon, mon père me gronde ; mon père me raille ; il blesse mon amour-propre avec le sangfroid d'une mortelle indifférence. Tu avais raison, Nathalie, notre père ne nous connaît plus, il ne nous aime plus !

— Taisez-vous, malheureuse enfant !

s'écria Dutertre, qui sentit le vertige et vit le bord de l'abîme dans le sourire amer de Nathalie ; que Dieu vous pardonne un tel blasphème, si vous n'êtes pas folle !

Nathalie eut, pour envenimer le mal, des airs d'une douceur terrible et des à-propos d'une mortelle conciliation. —Eh non ! mon père, dit-elle, ce n'est pas vous que nous accusons ! Eveline accepterait tout de vous seul ! mais si elle a été mal élevée, si elle n'a pas été élevée du tout, ce n'est pas sa faute. La pauvre enfant est susceptible... Tenez ! elle en souffre beaucoup, et elle croit que vous ne voulez plus rien faire pour la calmer et la consoler ; mais elle se trompe, n'est-ce pas, mon père ? vous nous aimez toujours, et personne ne nous enlèvera votre amour et votre protection ?

— Nathalie, dit Dutertre, pâle et le cœur serré, je ne te comprends pas !

— Pardon, mon père, vous me comprenez. Nous ne sommes pas aimées de tout le monde ici ! C'est bien naturel, nous ne saurions nous en plaindre. Mais songez que nous ne sommes pas bien coupables d'avoir les défauts de notre âge et de notre isolement. Nous manquons de frein habituel, et il en faut peut-être un à la jeunesse. Mais il le faut légitime, et une belle-mère n'est pour nous qu'une étrangère dont nous n'avons pas voulu subir la contrainte. Nous n'avons pas eu souvent le bonheur de vivre sous vos yeux, et quelque bien élevée, quelque convenable que soit madame Olympe à notre égard, son âge ne comporte pas l'autorité. Passez-nous donc nos travers, ayez patience avec nous, puisque nous avons si peu de temps dans l'année pour jouir de votre présence, et songez qu'il nous faut quelque courage, à nous aussi, pour accepter notre situation.

— De quoi donc vous plaignez-vous,

mes filles? dit Dutertre avec une force douloureuse. Où sont les souffrances, les malheurs de votre destinée? Etes-vous opprimées, persécutées par ma femme? Dites, dites! Si vous avez des sujets de plainte, je les écouterai, ici, tout de suite, je les vérifierai, et je vous ferai justice dans le secret d'un tribunal de famille. Mais je ne veux plus d'insinuations, plus de réticences; elles me tuent! Parlez, mais parlez sans détour, vite, et avec le courage de la franchise.

Nathalie ne s'attendait pas à voir son père aborder la question avec cette netteté d'intention. Ne comprenant pas la grandeur et la pureté de son amour pour Olympe, elle croyait, à le voir éviter délicatement jusqu'à ce jour tout motif de rivalité domestique, qu'il rougissait de cet amour comme d'une faiblesse, et qu'il lui serait facile de le placer ainsi vis-à-vis d'elle sur un pied d'infériorité. En le trouvant ferme et résolu, elle battit en retraite, observa que la cloche du dîner sonnait, que ce n'était pas le moment d'une explication, et que, d'ailleurs, elle reculerait toujours devant la crainte de blesser et d'affliger son père.

— Vous pouvez m'affliger, dit Dutertre, si votre cœur est injuste ; me blesser, je vous en défie. Je ne comprends pas ce que l'amour-propre aurait à faire ici. Vous vous expliquerez ce soir, toutes les deux, quand nous serons seuls. Je ne veux pas m'endormir une nuit de plus sur le malentendu qui règne entre nous. Relevez vite vos cheveux, Eveline, et descendez. Vous, Nathalie, suivez-moi.

Nathalie, pour ne pas obéir et pour ne pas résister, passa la première, descendit d'un pas ferme, et alla s'asseoir à table avec un visage froid.

Eveline se récria sur l'impossibilité de se montrer dans le négligé et dans le trouble où elle se trouvait.

— Eh bien! répondit Dutertre, restez, je dirai que vous avez un peu de migraine. Mais vous vous calmerez et vous descendrez dans une heure. Je l'exige.

Il descendit à son tour, mais il lui fallut toutes les forces de sa volonté et de son organisation pour cacher sa souffrance intérieure. Olympe n'y fut pas trompée. Elle regarda Amédée avec inquiétude comme pour l'interroger. Un pressentiment sinistre s'empara d'elle en voyant que son neveu évitait ses regards et que son mari souriait avec effort. Elle s'effraya davantage quand elle apprit qu'Eveline était souffrante : mais, habituée à concentrer toutes ses pensées, toutes ses émotions, elle parut ne pas se douter que le moment terrible était venu et que la glace, sinon encore rompue, venait du moins de craquer sous ses pieds.

Eveline restée seule, ruminant sa colère, s'apprêtait à déchirer quelque robe ou à casser quelque porcelaine pour se soulager, lorsque Caroline vint la trouver.

— Voyons ! qu'est-ce qu'il y a, petite sœur ? dit l'enfant, chez qui les doux et patients instincts de la maternité semblaient être une prédominance de l'âme; nous avons pleuré, nous boudons, parce nous avons gâté nos yeux bleus! allons! de l'eau fraîche, et cela passera vite.

— Laisse-moi, Benjamine, dit l'autre en la repoussant, je ne suis pas en train de rire.

— C'est bon! c'est bon! répondit la petite sans se troubler, nous connaissons ça : tu t'es mise en colère parce que ton chignon ne tenait pas, ou parce que le fichu que tu veux est, comme de coutume, le seul qui ne soit pas prêt. Voyons, quel chiffon est-ce qu'il te faut? je vais le repasser, s'il ne l'est pas. J'ai toujours des fers dans ma chambre, et ce sera fait en un tour de main, sans que Grondette s'en doute.

— Sotte que tu es! reprit Eveline. Il s'agit bien de chiffons! papa vient de me faire une scène.

— Oh! je le crois bien! dit la Benjamine en riant. Il est si méchant, ce papa que nous avons! C'est un homme terrible! Je parie qu'il t'a battue! Pauvre sœur! faut-il pleurer avec toi, ou aller battre ce méchant père qui fait pleurer son petit lion crépu?

— Tu m'impatientes, tu m'ennuies, s'écria Éveline. Va-t-en, grande niaise! Que viens-tu faire ici? On dîne sans toi, et je parie qu'on te fait chercher partout!

— Oh! que non pas, dit Caroline. J'ai bien le temps de dîner! J'ai demandé à notre mère la permission de venir t'habiller, et me voilà.

— Notre mère! dit Eveline avec amertume.

Caroline, qui en comprenait peut-être plus qu'elle ne voulait le laisser croire, et qui avait l'admirable bon sens de repousser toutes les explications dangereuses ou pénibles, ne parut pas entendre cette exclamation, et, sans rien dire, commença à relever d'une main adroite et légère les beaux cheveux d'Eveline, après avoir renvoyé la femme de chambre curieuse qui se présentait pour remplir cet office, et Grondette, qui venait s'inquiéter de la migraine de sa *diablesse*; c'est ainsi que la vieille villageoise appelait familièrement Eveline, qu'elle avait nourrie.

Eveline, nonchalante et préoccupée, se laissa coiffer et habiller par sa jeune sœur, qui, toujours babillant, se répondant à elle-même quand Eveline ne daignait pas lui répondre, et disant des riens comme un oiseau qui gazouille, réussit à endormir son dépit et à la ramener à l'admiration d'elle-même.

— A présent, lui dit-elle après l'avoir menée devant son miroir, où Eveline donna machinalement le point lumineux à son image, en attachant certain bijou et en rajustant certain nœud, nous allons respirer un peu notre flacon, et puis nous allons sourire, embrasser cette sotte de Benjamine et descendre au dessert. C'est encore un beau moment pour faire une entrée! Tout le monde est gai, papa cause, maman sourit, Eveline paraît, on lui demande de ses nouvelles. Elle donne un bon baiser à maman, et puis à papa; elle dit qu'elle est mieux, elle va s'asseoir avec beaucoup de grâce, elle mange un peu, elle rit un peu, elle a beaucoup de succès, et tout le monde est content.

— Qu'il faut de patience pour te supporter, Benjamine! Dis-moi, tu seras donc toujours idiote? Songes-tu que tu as seize ans et qu'on va peut-être te parler bientôt de mariage?

— Oh! moi, je n'aime pas cela, le mariage! dit Benjamine. C'est bon pour vous qui êtes de grandes princesses. Mais moi, je ne veux pas quitter ma mère, jamais, entends-tu bien?

— Tu l'aimes donc bien? dit Eveline. Allons! jusqu'à la Cendrillon qui l'aime plus que nous!

— Pour une fille d'esprit, vous dites des bêtises, répliqua la petite en s'agenouillant devant elle pour lui lacer ses bottines de satin noir. Vous faites tout votre possible pour vous rendre haïssable, et votre grand dépit vient de ce que vous ne pouvez pas empêcher qu'on vous adore malgré tout.

— Pauvre Cendrillon! dit Eveline en attirant la tête brune de l'enfant sur ses genoux et en caressant ses cheveux flottants naturellement bouclés comme ceux de son père. Tu seras heureuse, toi! parce que tu es bête comme une oie et bonne comme un ange.

— Bah! je ne suis peut-être pas si bête que tu crois, répondit Caroline en se relevant avec la légèreté d'un oiseau. Elle fit rapidement un peu d'ordre dans la chambre pour épargner ce soin à Grondette, puis elle prit sa sœur sous le bras et la força à descendre en courant et en sautant dans les grands escaliers en spirales adoucies du château. Un chat qu'elles éveillèrent en sursaut fit un bond fantastique en fuyant devant elles : ce fut pour Benjamine l'occasion d'un immense éclat de rire, et sa dolente sœur, entraînée par la contagion de ce rire frais et sonore qui était chez Caroline comme l'hymne harmonieux de la virginité de l'âme, se présenta devant ses parents et devant Thierray avec le visage animé d'un naïf et cordial enjouement. Le front de Dutertre s'éclaircit, Olympe respira. Amédée remercia Eveline d'un regard amical, Thierray se demanda quelle pluie ou quelle rosée avait assoupli ces traits si beaux, dilaté ses yeux si brillants, et la trouva plus charmante qu'elle ne lui avait encore semblé. Nathalie éprouva pour la versatilité du caractère de sa sœur un profond dédain.

— Tu vois bien, mère ! murmurait la Cendrillon à l'oreille d'Olympe : quand je te disais que je la ramènerais bien belle et bien gaie !

VII

VII

Thierray fut positivement amoureux d'Éveline au dessert. Elle avait une expression qu'il ne lui avait jamais vue, quelque chose d'accablé et de souffrant qui voilait la hardiesse habituelle de son regard. Eveline, de son côté, pensait à l'éloge que son père lui avait fait de Thierray, et, bien que, par esprit de contradiction, elle fût d'autant plus disposée à le dénigrer tout haut, elle était flattée, dans le secret de son amour-propre, d'avoir un homme de quelque mérite à ses pieds. Elle connaissait le jugement et la pénétration de son père. Elle savait que si sa bienveillance et sa générosité étaient immenses, son estime et sa confiance n'avaient rien de banal ou d'aveugle.

Elle résolut donc d'enflammer tout à fait Thierray. Mais comment s'y prendre ? Sensible à la critique plus qu'au reproche, pour rien au monde elle n'eût voulu mériter une seconde fois les remarques désobligeantes, selon elle, que son père avait osé se permettre. Il fallait donc occuper et tourmenter Thierray sans qu'il y parût. — Tiens! pensa-t-elle, je n'ai pas encore essayé de le rendre jaloux; c'est pourtant bien simple. Est-ce que mon petit cousin n'est pas là pour me servir au moins à cet usage? La pluie avait recommencé; d'ailleurs les jours devenaient courts. On passa du dîner au salon.

Éveline, gracieuse avec son père, presque doucereuse avec Olympe, enjouée avec Benjamine, fut tendre avec Amédée. Affectant ou éprouvant un surcroît de migraine, elle s'assit nonchalamment dans un coin, lui demanda de mettre un coussin sous ses pieds, de lui aller chercher son flacon, d'éloigner d'elle la corbeille de fleurs, de lui verser quelques gouttes d'éther sur le front, et quand elle l'eut accaparé par l'obligation de lui rendre tous ces petits soins, affectant de le tutoyer bien haut, de lui parler fraternellement, de l'appeler son bon Amédée, le plus attentionné et le plus infatigable des amis, elle le retint près d'elle une heure entière, dans une sorte de tête à tête, à lui parler à voix basse, à lui dire des riens qu'elle eût pu fort bien lui dire tout haut, enfin à se poser en petite malade bien douce, bien tendre pour les siens, et particulièrement pour cet ami d'enfance, ce véritable ami de cœur auprès duquel les amis de rencontre et les serviteurs d'occasion comme Thierray ne devaient pas songer à briller, à moins qu'ils ne se donnassent beaucoup plus de soins et de peines que Thierray n'en avait pris jusqu'alors.

Thierray vit ce nouveau manège et ne le devina qu'à moitié. En faisant le don Juan avec Flavien, il plaisantait presque toujours et se fardait quelquefois. Au fond, il avait la dose très convenable de modestie et de méfiance de soi dont tout homme d'esprit est pourvu.

— Il se peut bien, pensa-t-il, qu'elle veuille m'inquiéter ou m'éprouver; mais il se peut fort bien aussi que je n'aie servi depuis huit jours qu'à inquiéter ou à éprouver M. Amédée. Il est charmant; il lui est peut-être destiné en mariage ; il est sans doute fort amoureux d'elle. Allons! probablement j'ai donné lieu à un rapprochement et j'assiste à une réconciliation. Occupons-nous de Nathalie, pour lui prouver que nous savons vivre et prendre les choses du bon côté.

Il s'approcha d'Olympe et de Dutertre, qui étaient en ce moment assis l'un près de l'autre, et s'adressant à tous deux :

— Je voudrais, dit-il, faire très secrètement, et sans que vous en sachiez rien, une prière à mademoiselle Nathalie. Je sais qu'elle fait de très beaux vers, et je meurs d'envie d'en entendre quelques-uns. Si elle veut seulement m'en dire quatre, je lui en ferai quatre cents qu'elle ne sera pas obligée de lire ni d'entendre, et ainsi nous serons quittes.

Tout cela avait été dit assez distinctement pour être entendu de Nathalie, qui était proche, et qui cependant ne bougea pas et feignit de ne pas entendre.

— Nathalie fait de très beaux vers, en effet, répondit madame Dutertre, mais elle les garde si mystérieusement, que vous ferez un miracle si vous pouvez lui en arracher quatre. Pour ma part, je souhaite bien que vous réussissiez, si je peux profiter de l'occasion pour les entendre. Mais pourtant, si elle veut ne les dire qu'à vous, nous serons discrets et nous n'écouterons pas.

— Je vois, dit Nathalie en se levant et en s'approchant de la table où travaillait madame Dutertre, que M. Thierray meurt d'envie de nous dire quatre cents vers, et que vous mourez d'envie de les entendre. S'il n'en faut que quatre de ma façon pour vous procurer à tous deux cette satisfaction, je consens à les faire ; mais donnez-moi des bouts-rimés à remplir, car je ne me rappelle absolument rien dans ce moment-ci.

C'était la manière la plus naturelle et la plus modeste de s'en tirer. M. Dutertre, toujours prêt à encourager les rares moments de bienveillance de Nathalie, offrit de donner quatre rimes, d'en demander quatre autres à Olympe, et de faire compléter la douzaine par Thierray.

— Ce n'est pas tout, dit Nathalie, il faut m'indiquer le sujet, libre à moi de le traiter sérieusement ou légèrement.

Eveline ouvrit l'oreille et crut que Thierray allait proposer quelque sujet qui eût rapport à elle. Il n'en fut rien. Thierray, qui n'avait pas plus envie de la flatter que de prendre au sérieux le talent de Nathalie, proposa un parallèle entre le Crésus antique et le moderne Crésus, le groom de Puy-Verdon. Nathalie fit très rapidement des vers spirituels, plus malins qu'enjoués, mais très adroitement adaptés aux rimes. Thierray lui en fit compliment, reprit les mêmes rimes, le même sujet, et lui fit douze vers qui rivalisaient de savoir-faire avec les siens. Madame Dutertre proposa un sujet plus élevé pour faire briller le talent sérieux de Nathalie, et vainquit, avec une douce persistance, la prétendue paresse de sa belle-fille, qui se tira fort bien d'affaire, et, plus sensible qu'elle ne voulait l'avouer à ce petit succès, finit par se laisser arracher quelques-unes de ses meilleures pièces. Thierray les trouva ce qu'elles étaient : le produit de l'intelligence froide ; mais il pouvait, sans mentir, en louer la forme, qui ne manquait ni d'ampleur ni de science. Dutertre, voyant ou croyant sa fille mieux disposée pour sa femme, ramena les choses à leur point de départ, dans le désir d'un commun enjouement. Thierray fit, en se jouant, des bluettes charmantes, luttant d'improvisation avec Nathalie, qui ne resta guère en arrière et qui s'émoustilla jusqu'à rire avec assez d'abandon. La gaîté des personnes habituellement sérieuses a parfois beaucoup de charme, et Nathalie eût pu être fort aimable si elle eût été aimante.

Thierray se retira à dix heures, prétextant beaucoup de lettres à écrire, mais ayant fait si bonne contenance toute la soirée, qu'Eveline crut avoir manqué son but et montra même un peu d'humeur à Nathalie.

Après le départ de Thierray, Olympe, pressentant que quelque chose d'inconnu s'agitait autour d'elle et ne voulant pas se placer entre Dutertre et ses filles, se retira de bonne heure, suivie de Benjamine. Amédée lut dans les yeux de Dutertre qu'il devait s'en aller aussi et l'attendre dans le pavillon. Dutertre resta seul avec ses deux aînées. Il les voyait mieux disposées, et il espérait un bon résultat de cette explication, devant laquelle il ne pouvait ni ne voulait reculer.

Le jour et le moment n'étaient pas du goût de Nathalie. Elle s'était laissée un peu désarmer par la douceur et les prévenances généreuses de sa belle-mère devant Thierray. Eveline, piquée contre elle, ne paraissait pas disposée à la soutenir. Enfin, Dutertre avait une attitude calme et digne, qui la gênait plus que tout le reste et qui commençait à faire entrer une sorte de crainte, sinon de repentir, dans son âme altière et jalouse.

— Eh bien; dit Dutertre, qui marchait gravement dans le salon, Nathalie, Eveline, nous avons à causer. Vous avez des griefs contre moi, contre celle que je vous ai donnée pour mère et pour amie. Vous vous trouvez assujéties, mortifiées, blessées. Parlez, je vous écoute, mes enfants.

Eveline était incapable de rancune.

— Non, mon père, répondit-elle avec franchise. Quant à moi, cela n'est pas. Je ne pourrais me plaindre que d'une chose, si j'étais assez raisonnable pour m'apercevoir que je manque de raison.

— Et cette chose ? dit Dutertre.

— C'est d'avoir été trop peu morigénée ; c'est d'avoir eu un père trop confiant dans mes bons instincts, une belle-mère trop douce, trop esclave de mes caprices, trop craintive devant mes bourrasques, trop discrète ou trop délicate dans ses observations. Elle est trop jeune et elle n'est pas ma mère, voilà tout son crime ; et comme elle n'y peut rien ni moi non plus, nous serions folles de creuser les inconvénients de cette situation respective, de nous en affecter, et surtout de nous les reprocher l'une à l'autre. J'ai mille défauts qu'une mère rigide ou le couvent eussent peut-être corrigés. Vous m'avez retirée du couvent, que je détestais, et vous m'avez donné une mère trop faible, je devrais peut-être dire trop bonne !... Oui, Olympe est bonne, excellente, aimable au possible, ajouta Eveline en regardant Nathalie avec résolution, et c'est un mauvais service à me rendre que de me donner raison contre elle quand j'ai tort. Que pouvait-elle pour me contenir et me corriger? Il lui eût fallu une volonté de fer, qui se serait probablement brisée contre la mienne; car j'étais disposée à ne supporter aucune autorité. Et qui sait si j'aurais cédé à celle de ma propre mère?

J'ai résisté aujourd'hui même à celle que le meilleur des pères me faisait sentir pour la première fois. Je suis donc tout à fait absurde et peut-être un peu coupable. Pardonnez-le-moi, mon père, oubliez les sottises que j'ai dites, gardez-moi le secret auprès de ma petite maman, qui, je l'espère, ne se doute pas de tout cela. Epargnez-moi l'exigence de me courber devant elle pour lui montrer mon repentir : je ne le pourrais pas; mais soyez sûr que je l'aime au fond du cœur, que je ne lui en veux pas d'être charmante, de vous plaire et de vous rendre heureux. Voilà, j'ai dit.

Et Eveline, courbant le genou devant

son père avec une grâce caressante, le désarma en lui baisant les mains. Il la releva et la pressa sur son cœur. Plus ému qu'il n'eût voulu le paraître, il essaya de la préserver pour l'avenir du retour de ces injustices. Elle le promit, pour avoir plus tôt fini ; car elle n'était pas bien convaincue de sa propre résolution, et, jusque dans ses meilleurs mouvements, il entrait toujours un peu de caprice. Mais, résolue au moins de s'endormir en paix avec son père et avec sa propre conscience, elle jura d'essayer de se corriger, à condition qu'on la laisserait s'examiner et se blâmer elle-même ; puis, mettant sa migraine en avant et ne voulant pas avoir affaire à Nathalie de la soirée, elle demanda la permission d'aller dormir et laissa son père et sa sœur en tête-à-tête.

— A toi, maintenant, ma fille, dit Dutertre, qui reprit aussitôt l'apparence du calme, de la douceur et de la fermeté. J'attends tes plaintes ou tes réclamations.

— Je ne me plains jamais, répondit Nathalie, qui avait préparé son réquisitoire, mais qui manquait de vrai courage; et quand les réclamations sont vaines, je sais me taire.

— Ma fille, reprit l'infortuné Dutertre contenant sa douleur et son indignation, je vous adjure par votre mère, que j'ai aimée, rendue heureuse et pleurée douze ans, de me parler avec confiance et sincérité. Ne vous plaignez pas, si c'est vous humilier que d'ouvrir votre cœur à un père qui vous chérit ardemment ; mais faites valoir vos droits auprès de lui, s'il a eu le malheur de les méconnaître. Parlez.

— Vous n'avez eu aucun tort personnel envers moi, mon père, répondit Nathalie, se posant comme un juge bien plutôt que comme un appelant, et vous n'avez méconnu jusqu'ici aucun de mes droits. Je souffre parce que je souffre, et il ne dépend pas de vous que je me trouve heureuse.

— Alors confiez-vous à moi, prenez-moi pour votre confident, et je tâcherai de faire cesser vos peines.

— Vous ne le pouvez pas, mon père : vous êtes invinciblement lié pour la vie à une personne qui m'est antipathique et auprès de qui l'existence m'est amère et pénible. Je m'ennuie mortellement ici ; je suis condamnée à y vivre loin de vous, au milieu d'une famille qui ne partage pas mes goûts et sous l'apparente dépendance d'une femme pour laquelle je n'ai que de l'éloignement. Ne me demandez pas quels sont ses torts envers moi. Elle n'en a volontairement aucun; mais, à mes yeux, elle a celui d'être une société obligée, une figure importune, un chef de famille femelle qui usurpe ma place. Si vous n'aviez pas de femme, vous comprendriez que je suis d'un âge et d'un caractère qui m'autorisent à vous suivre partout, même en surveillant mes sœurs et en vous répondant de leur bonne tenue dans le monde. Si j'étais, moi, la compagne de votre vie et le délégué de votre autorité, Eveline ne serait pas une folle et Caroline une sotte; nous ne serions pas de gauches provinciales et nous n'attendrions pas après les maris que vous nous choisissez d'avance, et dont aucun peut-être ne nous conviendra, quelque envie que nous ayons de vous complaire. Enfin, si vous n'étiez pas dominé par l'idée qu'on est forcément heureux auprès de cette belle Olympe, vous vous aviseriez, sans que j'aie la douleur de vous le dire, du *spleen* qui me ronge et qui commence à s'emparer d'Eveline sous forme de monomanie chassante et chevauchante.

Vous voyez, mon père, que mes plaintes sont inutiles, et que je dois subir mon sort sans espoir de le voir changer autrement que par un mariage de désespoir, ce qui me paraît un triste moyen de salut.

— Je ne vous demanderai pas, répondit Dutertre glacé par la froideur de sa fille, pourquoi votre belle-mère vous est antipathique; ce serait vous entraîner sur un terrain où je ne veux pas placer la discussion, puisque vous déclarez qu'elle n'est coupable d'aucun tort envers vous. Je vois que votre parti est pris de changer en mécontentement et en amertume une vie de famille que je supposais devoir être douce et riante. Veuillez vous résumer, ma fille, et me dire ce que vous exigeriez pour vous trouver libre et heureuse selon vos goûts.

— Je voudrais commander là où je cède et m'abstiens, pour m'épargner l'odieuse nécessité d'obéir.

— Ma fille, vous n'obéissez à personne, vous ne cédez à rien ; vous n'avez à vous abstenir de rien que je sache. Si je me trompe, prouvez-moi que vous êtes esclave là où ma volonté est que vous soyez libre.

— Je suis libre à la condition de respecter un ordre domestique qui n'est pas établi par moi. Il est des natures qui se sentent esclaves du moment qu'elles ne gouvernent pas.

— C'est bien de l'ambition et bien de l'orgueil, Nathalie, que de vouloir ainsi gouverner les autres. Ce despotisme ne serait-il pas limité par mon autorité naturelle et sacrée, si je vivais près de vous et quand même je ne serais pas marié ? Il me faudrait donc vous obéir aussi, moi, ou vous voir malheureuse comme une reine détrônée ?

— Vous raillez, mon père, et ne raisonnez pas. Je me soumettrais à vous dans mon cœur, mais j'aurais sur vous l'ascendant de la persuasion. Pourquoi ne l'aurais-je pas aussi bien que votre femme, que vous consultez sur les moindres choses, et sans l'agrément de laquelle nous ne pouvons ni sortir, ni rentrer, ni manger, ni dormir à nos heures? En quoi serais-je plus incapable qu'elle de gouverner ma maison et de choisir ma société? Vous voyez bien que je ne suis rien ici, et pourtant j'approche de ma majorité, je n'ai aucun des travers de la jeunesse, et je me sens faite pour succéder à l'autorité de celle qui m'a donné le jour.

— Ne pouvez-vous accepter le partage de cette autorité ? Ne vous l'a-t-on pas mille fois offert, et malgré vos refus, n'a-t-on pas persisté à vous consulter sur toutes ces choses de l'intérieur pour lesquelles vous affichez précisément un profond dédain ?

— Ce n'est pas le gouvernement du pot-au-feu que je réclame. Je n'en suis pas jalouse. Mais je réclamerais le choix de mes convives, de mon entourage, enfin.

— Ainsi les hôtes que j'accueille ne vous conviennent pas toujours ?

— Pas toujours, j'en conviens.

— Et vous les chasseriez pour en introduire d'autres ?

— Peut-être, mon père !

— Et comme votre belle-mère vous est antipathique, vous la prieriez de partir la première, en attendant que vous me fissiez la même invitation, si je venais aussi à vous être une société *obligée,* une figure *importune?*... Eh bien ! ma chère Nathalie, tu es folle, mille fois plus folle que ta sœur Eveline. Je veux croire que ta grande logique est en complet désaccord avec elle-même, ou bien je me persuaderais avec terreur que tu n'aimes personne, et que tu voudrais substituer des esclaves étrangers aux égaux naturels qui sont dans ta famille. Pardonne-moi de n'en pas vouloir écouter davantage. J'ai la prétention de garder vis-à-vis de toi mon rôle de père, de demeurer le chef de la famille et de n'être influencé que par la douceur et la raison.

— Oui, par Olympe ! murmura Nathalie avec aigreur.

— Assez, ma fille, assez ! dit Dutertre dont la voix émue prit malgré lui l'accent d'une douceur déchirante. Tu es irritée et injuste; mais tu es intelligente et fière. Tu rentreras en toi-même, et tu te jugeras cette nuit, comme Eveline s'est jugée ce soir ; à moins que tu n'aimes mieux te condamner naïvement tout de suite, afin que j'aie plus vite la joie de t'absoudre et de t'ouvrir mes bras.

— Mon cher père, répondit Nathalie un peu ébranlée, vous êtes très bon, très grand, très digne de commander. Tant que vous serez près de nous, toutes choses, selon moi, iront pour le mieux. Ne m'interrogez plus, je vous en supplie avant le jour où vous serez prêt à nous quitter. Alors vous me permettrez de reprendre cet entretien et de l'amener à une solution que je persiste à croire nécessaire pour vous et pour moi.

— Tâchez qu'elle soit plus acceptable que celle de ce soir, dit Dutertre en l'embrassant, et jusque-là, promettez-moi de ne souffrir d'aucune chose de détail sans m'en dire franchement la cause. Veux-tu me le promettre, ma fille !

— Soyez tranquille, mon père, répondit-elle en prenant son bougeoir pour se retirer, quelque chose qui arrive, je n'engagerai point avec votre femme une lutte où je sais que je serais vaincue, et elle pourra dormir sur l'oreiller de ma mère sans que j'y enfonce une épingle.

— Allons! dit Dutertre quand elle fut sortie, celle-là est cruelle et impitoyable. O mon Dieu! sa mère était bonne pourtant, et nous ne vous avons jamais offensé ni l'un ni l'autre! Comment des êtres conçus et enfantés dans l'amour viennent-ils au monde le sein déjà gonflé du venin de la haine?

Et Dutertre, étonné du triste courage avec lequel il s'était laisser torturer, résolut d'aller fortifier et consoler Amédée, ce généreux enfant qui subissait et partageait toutes ses angoisses.

VIII

VIII

— Eh bien! lui dit-il en entrant dans le pavillon, je sais tout, et tu peux parler librement. Le mal est grand, mais moins grand que je ne pensais. De mes deux filles aînées, également déraisonnables dans leur genre, une seule est vraiment hostile à mon bonheur. Éveline est bonne, et le cœur, joint à un fond d'équité naturelle, la ramènera toujours. Nathalie est une barre de fer, et s'appuie, pour blâmer et haïr, sur une si étrange théorie d'autorité, que je ne vois pas le remède. Cependant il doit exister : cherchons-le ensemble.

— Nathalie est une nature bizarre et sera difficilement heureuse, répondit Amédée. Il faut même s'attendre à ce qu'elle ne trouve jamais que des satisfactions relatives et incomplètes dans la vie. Mais n'est-il pas temps de vous soumettre à certaines désillusions, mon cher oncle? La force et l'activité de votre cœur et de votre caractère vous ont fait croire qu'à force de travail, de dévouement, de soins et de bienfaits, vous pouviez faire le bonheur de tous ceux qui vous entourent....

— Je le reconnais, dit Dutertre, c'était une chimère, dont, au reste, je n'ai pas toujours été dupe autant que j'ai voulu le paraître pour conserver le courage dans mon âme et la foi dans celle des autres; mais je savais bien, et je sais plus que jamais aujourd'hui, que, d'une part, le monde extérieur, loin de nous seconder, nous traverse; que, de l'autre, les instincts de ceux pour qui nous travaillons nous résistent et combattent en eux-mêmes le bien que nous voulons leur faire. Dieu, dans sa mystérieuse sévérité, est au-dessus de tous nos efforts. Il nous donne des enfants, des frères, des amis, dont il semble nous confier le bonheur et la vertu; il nous en envoie d'autres qui semblent faits pour déjouer et méconnaître tous nos soins. Que sa volonté soit faite! Il faut l'accepter telle qu'elle est, croire qu'il ne crée rien d'inutile à l'ensemble des choses qui constituent l'harmonie générale, et que les travers mêmes de ceux que nous aimons ont leur raison d'être, que nous reconnaîtrons plus tard. Cherchons donc le plan nouveau de conduite que je dois me tracer vis-à-vis de ma famille, et que cette nuit ne s'écoule pas, comme la dernière, sans amener une solution au moins provisoire.

Dis-moi avant tout, poursuivit Dutertre, si la mésintelligence qui règne ici est pire ou moindre en mon absence.

— Elle est pire en apparence, répondit Amédée; elle est la même en réalité; votre présence contient les vivacités d'Eveline et modère ses caprices ; elle réduit au silence la voix amère de Nathalie, qui chaque jour verse une goutte de fiel dans le calice que boit votre femme. Mais vous ne voyez que la surface des choses : dès que vous avez le dos tourné, on se paie avec usure de la privation : ce sont des critiques mordantes à propos de tout, des allusions tirées par les cheveux, des contradictions obstinées sur les sujets les plus futiles, un ton tranchant qui impose silence ou un dénigrement plein de mépris à la moindre objection. Il semble même que, quand vous êtes ici, il y ait comme une menace suspendue sur la tête de ma pauvre tante. Elle, la pudeur, la droiture, la candeur même, elle est accusée de coquetterie, de mystère, que sais-je ! C'est incompréhensible pour elle et pour moi-même, ce qu'on a l'air de lui reprocher quelquefois ! Ma tante s'en est émue d'abord, et puis elle s'est soumise avec une abnégation sans égale, et renfermée dans son martyre avec une force effrayante, car ce martyre la consume et la brise.

— Oui, je le conçois, dit Dutertre en passant les mains sur son front brûlant. Olympe a le droit d'être la plus fière et la plus libre des créatures humaines, et elle se condamne par amour pour moi à en être la plus humble et la plus foulée.

Ah! pauvre femme! mon amour lui a été fatal.

— Si vous l'entendiez parler de cet amour, vous comprendriez qu'elle le préfère, avec tous ses maux, à un bonheur sans trouble qui ne lui viendrait pas de vous. Soyez donc aussi courageux qu'elle, mon oncle!

— Ah! qu'il est facile de l'être, quand à une âme vaillante on joint un corps robuste! Mais chez elle l'enveloppe est délicate et le corps succombe. Elle meurt, mon ami, elle meurt! ne le vois-tu pas?

— Elle peut guérir. Il ne s'agit que de lui trouver un moyen de repos, un temps d'oubli ; car tant que vos filles (et Nathalie surtout) ne seront pas mariées, vous l'avez dit, la solution ne peut être que provisoire.

— Mais elles ne peuvent tarder à se marier, ne le penses-tu pas ?

— Elles tarderont peut-être plus que vous ne pensez. Eveline sera hésitante et capricieuse. Quant à Nathalie, qui est encore plus difficile à satisfaire dans son orgueil, elle ne s'avise pas d'un obstacle ; c'est qu'elle inspire de l'éloignement au peu de personnes pour qui elle n'en éprouverait pas.

— Oui, dit Dutertre accablé, n'aimant pas, elle ne se fait point aimer, c'est tout simple ! Ah ! malheureux que je suis ! me voilà donc réduit à désirer que l'on me débarrasse de mes enfants !...

— Non, non, vous ne le désirez pas, dit Amédée avec une généreuse énergie. Vous les sauverez vous-même. Voyons ! quels seraient vos projets ?

— Renoncer à la carrière politique que je me suis laissé imposer, contrairement à mes goûts, par les suffrages de cette province ; rentrer dans la vie de famille, veiller sur mon intérieur, ne plus quitter ma femme d'un instant, tenir en bride ces appétits désordonnés de commandement ou d'indépendance qui ont trop grandi chez mes filles en mon absence.

— La lutte sera terrible, funeste peut-être. Et puis, résolvez-vous ainsi cette grave question du devoir politique ? pouvons-nous le sacrifier au devoir domestique ? Le sentiment du bien général ne doit-il pas l'emporter sur celui du bonheur individuel ?

— Il ne s'agit pas de mon bonheur à moi, s'écria Dutertre. Il s'agit de la vie de ma femme et de la conscience de mes filles, qui s'égare faute de guide et de frein. D'ailleurs, le bien qu'on peut faire par la politique dans le temps où nous sommes, c'est peut-être un rêve, et le mortel dégoût que j'éprouve dans cette carrière m'est un sûr garant que ma vocation n'est pas là. Je suis un homme des champs, un simple conducteur de travaux, travailleur moi-même, ingénieur, pionnier, défricheur de landes, ami et enfant de la terre, compagnon et frère des ouvriers que je moralise en les occupant. Arrière les discoureurs qui ergotent sur cette grande question de l'agriculture sans connaître ni l'homme ni ses besoins, ni le sol et ses ressources ! A quoi me sert de passer ma vie à entendre des paradoxes et à les combattre sans succès ? Cela est bon pour ceux qui aiment les phrases et qui sont jaloux d'influence. Moi, je déteste les vaines paroles et n'ai pas besoin d'être député pour faire du bien autour de moi. Je donne ma démission et je reste parmi vous. Je marie mes filles, ce qu'elles ne sauront faire elles-mêmes, et je sauve ma femme. Voilà qui est décidé.

— Ce sera le bonheur de Caroline et

le mien, répondit Amédée, mais, quoi que vous fassiez, ce ne sera ni celui de ma tante ni le vôtre. Eveline et Nathalie s'habitueront vite à vous braver. Souvenez-vous qu'il y a deux ans, lorsque vous passiez ici la meilleure partie de l'année, et que leurs caractères n'étaient pas développés comme ils le sont aujourd'hui, il y avait déjà des luttes puériles, mais orageuses, que vous ne pouviez vaincre sans souffrir.

— Je souffrirai !

— Et la souffrance de ma tante en sera aggravée. N'oubliez pas que le seul fil auquel tienne son existence, c'est la croyance où elle est encore de votre bonheur.

— Il est vrai ! que faire donc ? Eloigner ma femme ? on croira que je ne l'aime plus, que je ne l'estime pas ! éloigner mes filles ? elles se diront haïes et chassées par Olympe. Cependant, il faut les séparer d'elle à tout prix, ne fût ce que pour quelques mois pendant lesquels ma pauvre malade guérirait ! O mon Dieu ! mon Dieu ! c'est donc un crime que j'ai commis de me remarier dans toute la force, dans toute la sincérité de mon être et de ma vie ! Le ciel m'est témoin que je ne croyais enfreindre ni les lois divines et humaines, ni les convenances sacrées de la nature, ni les liens augustes de la famille, en donnant à mon cœur cette compagne sans égale, à mes enfants cette mère sans tache. J'aimais passionnément, je l'avoue, et pourquoi en rougirais-je? Qu'y a-t-il de plus grand, de plus religieux qu'un amour sanctifié par le serment d'une éternelle fidélité? mais je jure sur l'honneur de ma première femme que si je n'avais pas cru la remplacer dignement auprès de ses filles, en leur donnant Olympe pour seconde mère, j'eusse vaincu et terrassé ma passion. Pourquoi donc une sorte de malédiction s'est-elle attachée au bonheur le plus légitime et à l'action la plus loyale de ma vie ?

Amédée, enfoncé dans un fauteuil, et les yeux fixés à terre, écoutait Dutertre avec une pieuse tristesse : celui-ci, debout contre la croisée entr'ouverte, levait vers les astres son noble regard voilé par les larmes.

— Tenez, mon oncle, dit Amédée après quelques instants de silence, cette solution de fait que vous cherchez, je crois que Nathalie l'a trouvée. Son désir est de vous suivre à Paris. Pourvu qu'elle voie le monde et qu'elle gouverne, je ne dis pas une maison, elle en est incapable, mais un salon, sa vanité sera satisfaite et son superbe ennui se dissipera. Si elle ne se marie pas dans le courant de l'année, elle reviendra ici aux vacances avec vous, et, qu'elle y soit bien ou mal pour ma tante, ma tante aura eu le temps de guérir.

— C'est une excellente idée, répondit vivement Dutertre, et si tel est son désir, je regrette qu'elle ne l'ait pas dit, ce soir, quand je provoquais sa confiance ; cet arrangement terminait tout à l'amiable... mais il sera pris demain, et j'espère que cette satisfaction l'engagera à épargner ma femme et mon repos jusqu'à notre départ.

— Ne vous dissimulez cependant pas, reprit Amédée, qu'il éprouvera quelques difficultés. Eveline sera jalouse de sa sœur aînée, et voudra la suivre, car Paris commence à devenir aussi son rêve.

— Je ne puis emmener Eveline, elle est trop folle. Je ne pourrais l'accompagner au bois de Boulogne où elle voudra faire briller sa grâce à dompter un cheval; elle ira avec un domestique, au moment où, absorbé par les affaires ou retenu à la chambre, je m'attendrai le moins à ses escapades. Elle se perdra de réputation sans vouloir y prendre garde, ou se posera en excentrique écervelée. Tout cela est bon ici, où l'on connaît l'innocence de sa vie, et où l'affection qu'on m'accorde l'entoure de bienveillance. Ailleurs, c'est impossible! Mais nous tournerons la difficulté. Nathalie partira comme pour un mois, afin, dirons-nous, de régler quelques affaires de succession maternelle relatives à sa prochaine majorité. Elle restera à Paris sous divers prétextes; au besoin, on endormira l'impatience d'Eveline par des promesses. D'ailleurs, Eveline est bonne, et, l'influence de Nathalie écartée, elle redeviendra charmante.

—A la bonne heure! dit Amédée. Mais que ferez-vous de Nathalie là-bas? Une fille de vingt ans, très belle et vaniteuse, sinon coquette, peut-elle et doit-elle vivre seule? car elle sera forcément seule toute la journée, grâce à vos occupations?

— Je ferai venir du Poitou ma sœur aînée, qui sera fort aise de voir Paris et qui demeurera avec nous. Ce sera un chaperon pour Nathalie ; elle est douce, bonne, et ne manque pas de jugement.

— Mademoiselle Elise Dutertre est une personne excellente, dit Amédée, mais justement Nathalie la déteste.

— Quoi, elle aussi ? la pauvre vieille fille sans prétention et sans succès, même dans le passé ?

— Elle se permet, quand elle vient ici, de trouver vos filles un peu trop gâtées, et cela exaspère Nathalie.

— Ainsi elle va haïr et tourmenter ma

pauvre sœur comme elle fait de ma femme? Eh bien! n'importe, Elise est calme, ferme, et lui tiendra tête. Elle s'en ira peut-être, mais nous aurons gagné du temps. Sois certain que ce séjour de Paris ne réalisera pas les rêves de gloire et d'éclat de Nathalie. Telle n'est pas mon intention. Elle n'aura pas de salon, elle vivra retirée, malgré qu'elle en ait. Je n'aime pas le monde, moi, et je n'ai jamais compris une vie employée à la conversation banale. D'ailleurs, sache une chose qu'il est temps que je te dise ; ma fortune, splendide parce que l'ordre y règne à côté de la libéralité, n'est cependant pas plus assurée qu'aucune fortune de ce monde. Je me suis engagé, il y a longues années, pour un ami bien cher qui avait perdu la sienne et qui l'a refaite grâce à moi. Mais il est mort en Amérique sans régulariser sa position envers moi et sans dégager ma signature. C'est le digne Murray, mon cousin par alliance, qui t'envoyait autrefois de si beaux papillons du Mexique et du Brésil. Si les associés qui lui succèdent sont ineptes ou de mauvaise foi, cette terrible signature dont je demande en vain le retrait peut me forcer à vendre une partie de mes immeubles ou à trouver des sommes considérables que je n'ai pas.

Je puis donc être, malgré ma sagesse et la tienne, compromis comme tout le monde d'un jour à l'autre, et, sinon ruiné, du moins gêné. Dans cette situation, j'ai songé, sinon à diminuer mes dépenses, du moins à ne pas les augmenter. Au moment d'acheter un hôtel ravissant aux Champs-Élysées, pour faire venir un peu plus souvent et un peu plus longtemps ma famille à Paris, dans le courant de mes années d'exil, j'ai reculé devant une petite imprudence; je me suis tenu à un simple loyer où je ne reçois que des hommes et des gens sérieux. Or, ma fille, tant qu'elle vivra près de moi, ne tiendra pas un salon d'hommes, et ne se fera pas un cortége de beaux esprits. Quelque dédain qu'elle ait pour mes idées bourgeoises à cet égard, il faudra qu'elle se plie aux conditions d'une existence bourgeoise. C'est un petit châtiment qu'elle aura mérité et cherché. Puisse-t-il lui être salutaire et lui apprendre à apprécier l'intérieur dont elle s'exile et où son retour sera salué, plus tard, comme celui de l'enfant prodigue.

Cette conclusion paraissant la meilleure, l'oncle et le neveu se séparèrent.

Dès le lendemain, Dutertre informa

sa fille aînée de la résolution qu'il avait prise, sans lui dire toutefois, de peur d'un orage dont Olympe eût recueilli les coups, le projet qu'il avait formé de faire venir à Paris la vieille mademoiselle Dutertre, et les plans de retraite et d'économie qu'il s'était tracés. Forcé de jouer au plus fin avec elle et de lui ménager ces surprises désagréables, il prit son parti de souffrir seul quand le moment de la colère et du désappointement serait venu.

Nathalie, se leurrant de brillantes espérances et désirant fort peu associer une rivale comme Eveline à ses futurs triomphes, promit sincèremeut de suivre le plan de son père pour effectuer sans solennité leur séparation à la fin des vacances. Le front chargé d'ennuis de la muse s'éclaircit donc un peu, et comme elle attribua la condescendance de son père au désir qu'Olympe avait de se débarrasser d'elle, elle cessa de la maudire et de la persécuter, sans cesser de la dénigrer tout bas.

Olympe eut donc un intervalle de repos où, sans savoir ce qui se préparait et ce que son mari avait souffert, elle s'imagina qu'il avait réussi à la réconcilier avec sa belle-fille. « Ce grand cœur sait faire des miracles, disait-elle à Amédée, qu'elle croyait seul initié au secret de ses douleurs. Il réchauffe comme le soleil et fond les glaces sur les hautes cimes. » Et déjà Olympe commençait à guérir comme une plante vivace qui se relève au lendemain d'un orage.

Que faisait Thierray à Mont-Revêche pendant que ces petits évènements de famille suivaient leurs cours à Puy-Verdon? car, depuis la soirée où Eveline avait travaillé à le rendre jaloux d'Amédée, c'est-à-dire depuis huit jours environ, Thierray n'avait pas reparu. Il avait écrit qu'en descendant de cheval, il s'était donné l'entorse la plus stupide du monde; qu'il espérait cependant en être bientôt quitte, et qu'en attendant le bonheur d'aller faire sa cour aux dames de Puy-Verdon, il tâcherait d'endormir ses souffrances et de charmer ses ennuis en faisant les quatre cents vers dont mademoiselle Nathalie ne l'avait pas voulu tenir quitte. « J'ai promis de les faire, ajoutait-il en finissant, mais je n'ai pas promis de les faire lire ou entendre. Que mademoiselle Nathalie se rassure donc sur les funestes conséquences de ma fidélité à lui tenir parole. »

Duterte avait été voir Thierray, et

avait failli le trouver grimpant lestement sur une échelle pour ranger et orner à sa guise les appartements de son nouveau manoir. Thierray n'avait eu que le temps de chausser une pantoufle, de se jeter dans un fauteuil et de contrefaire l'impotent. Amédée était venu aussi savoir de ses nouvelles, mais alors Thierray était préparé. Il avait la pantoufle obligée, il boitait même assez bas, il lui était impossible encore de se chausser et de sortir. Éveline sut ces détails qui l'intéressaient plus vivement qu'elle ne l'avouait, et se tranquillisa.

Pourquoi Thierray, qui n'avait aucune

espèce d'entorse, avait-il eu recours à cet expédient pour ne pas retourner à Puy-Verdon? C'est ce que nous verrons au prochain chapitre; mais terminons celui-ci par une question que se posait précisément Thierray, comme en cet instant notre lecteur se la pose peut-être à lui-même.

Qu'est-ce donc, au fond, que ce caractère concentré et ce personnage à peu près muet d'Olympe Marsiniani, femme Dutertre?

Le lecteur est un peu mieux renseigné que ne l'était Thierray, et pourtant il ne saurait résoudre tous les doutes qui traversaient l'esprit de notre observateur, pénétrant par nature, préoccupé par circonstance.

Pour savoir comment cette énigme vint à obséder la rêverie de Thierray, il faut ne point interrompre le cours des choses et suivre celui de ses idées dans la solitude de Mont-Revêche.

FIN DU DEUXIÈME VOLUME.

Imp. de E. Dépée, à Sceaux,

OUVRAGES D'ALEXANDRE DUMAS, TERMINÉS.

OLYMPE DE CLÈVES
9 volumes.

CONSCIENCE
5 volumes.

MES MÉMOIRES
14 volumes.

HISTOIRE D'UNE COLOMBE
2 volumes.

LE VÉLOCE
4 volumes grand in-8, avec gravures.

ANGE PITOU
8 volumes.

LE TROU DE L'ENFER
4 volumes.

DIEU DISPOSE
Suite du *Trou de l'Enfer*. 6 volumes.

UN GIL BLAS EN CALIFORNIE
2 volumes.

LOUIS SEIZE
5 volumes.

LES MARIAGES DU PÈRE OLIFUS
5 volumes.

LA COMTESSE SALISBURY
6 volumes.

LA FEMME AU COLLIER DE VELOURS
2 volumes.

LES MILLE ET UN FANTOMES
2 volumes.

LA RÉGENCE
2 volumes.

LOUIS QUINZE
5 volumes.

LE COLLIER DE LA REINE
11 volumes.

LES DRAMES DE LA MER
2 volumes.

Impr. de E. Dépée, à Sceaux.

www.ingramcontent.com/pod-product-compliance
Lightning Source LLC
Chambersburg PA
CBHW071330150426
43191CB00007B/681